シリーズ 発達障害がある子の「生きる力」をはぐくむ

子どもと変える 子どもが変わる

関わりことば

場面別指導のポイント

湯汲英史 著

明石書店

はじめに

子どもに同じことばを使う大人たち

大人は子どもに、同じようなことばをかけます。たとえば、子どもが怖がっているときです。「だいじょうぶ、だいじょうぶ」と子どもに語りかけます。物を乱暴に扱っていれば、「大切に」「そっと」といいます。ほかの子どもと「はんぶんこ」しなさいとすすめ、「順番で」と教えたりもします。

多くの大人が、同じような場面で、ときにはまったく同じことばを子どもにかけることに気づき、不思議に思うようになりました。大人たちは共同して、いったい何を子どもに伝えようとしているのかと考えるようになりました。

なぜ「いっしょに」できないのか

ほかの子たちといっしょに行動ができない子どもがいます。たとえば、みんなといっしょに椅子に座って先生のお話が聞けません。大人はこういう子に対して、「どうしていっしょにしないのか」と注意します。大人にすれば「いっしょに」やることは当たり前のことであり、子どもは当然わかっていて、反抗していると思ったりします。このために、「いっしょに」といってもやらない子に対して、感情的に強く叱ったりもします。

このときに子どもが、「いっしょに」ということがどういうことなのか、そもそもそれがわかっていなければどうでしょうか。子どもは叱られても、その意味がわかりません。意味がわからなければ、求められていることを実行もできません。それでさらに大人から怒られれば、どうでしょうか。子どもの反抗はエスカレートしても仕方がないといえます。

ここで重要なのは、大人が当然のこととして子どもに注意する、その背景には何があるのかということです。その背景とは、物事を判断する基準であり、行動の規範ともいえる考え方です。その考え方を伝え、教えるために、大人は同じようなことばを子どもにかけるのではないかと考えるようになりました。その結果、「関わりことば」へと行き着きました（なお、子どもはどうやって「いっしょに」を学ぶのかは本書で述べました）。

「関わりことば」から学ぶ判断基準

「関わりことば」は、覚えた単語の多少で評価されることばではありません。というのも、「関わりことば」は、人や物への見方・考え方を教えることばだからです。その見方・考え方を学んだかどうかが重要といえます。たとえお話ができなくても、聞いて見て、大切な見方や考え方を学ぶことができます。まわりから判断基準を学ぶこと、それこそが子どもの成長にとっては欠かせないことです。

早期に学ぶ判断基準

たとえば、本書でも取り上げた「もったいない」ということばですが、子どもが理解を示すようになるのは一般的には4歳前後からです。「もったいない」も含め、関わりことばの大半は1、2歳から4、5歳という幼児期に学びます。自分なりの見方、判断基準の形成過程から見ると、かなり早期に学ぶといえます。

発達の目的は、「自分で考えて判断し、まわりから受け入れられるように行動（表現）できるようになること」とされます。一人の人間として、自分の考えで判断できるようになることが、子どもの成長にとっては不可欠です。また、まわりに自分の考えを受けとめてもらえるような振る舞い方も必要です。

関わりことばは、自己判断ができるように人間の基礎を作る、群れ（社会）のなかで生きていくための知恵を与えることばといえます。

判断基準を伝える大切さ

関わりことばは、社会性の発達と密接な関係があります。詳しくは本文で述べますが、関わりことばを学んでいない子どもは、さまざまな面でまわりに溶け込めないことでもわかります。関わりことばに込められた判断基準がよくわかっていない子どもは、「幼く」「未熟な」印象を受けたりします。

子どもでも受けとめやすく、心に残ることば

関わりことばは、契約書のようにこまごまとしたものではありません。コンパクトでかつ、インパクトも相当にあるものです。何よりも、複数の大人の口をつくことばです。子どもでも受けとめやすく心に残り、また多くの大人から教わることで理解が進むとい

えます。

あるいは子どもには、あらかじめ関わりことばを受けとめ、理解できるような仕組みがあるのかもしれません。それが関わりことばを、重要で大切なことばとして感知させます。ところが、多数の大人からかけられる体験が不足したり、スムーズに感知できない子どももいます。ていねいな関わりが必要な子どもといえます。

伝え方のヒントとして、場面別にしました

関わりことばは、さまざまな場面で教えていくことができますが、本書では伝え方のヒントとして、特定の場面をあげてみました。

本書がとてもわかりやすく、ていねいな内容になったのは、明石書店の森本直樹さんのおかげです。あらためて感謝申し上げます。

２０１０年５月

㈳発達協会／言語聴覚士／精神保健福祉士　湯汲《ゆくみ》 英史《えいし》

関わりことば　場面別指導のポイント　目次

シーンⅡ　園・学校で

シーンⅢ　外で

本文イラスト　須藤圭子

関わりことば

場面別指導のポイント

シーンⅠ
家の中で

テーマ
着脱

関わりことば①
できた

区切りを教え、評価を伝えることば

◎**教えたいこと**

子どもは、大人のように物事の「始まり」と「終わり」を意識していません。衣服の着脱などを通して、何度も繰り返し経験することで「始まり」と「終わり」を理解しだします。終わりを意識しだせば、早く終わろうとするなど自分なりの工夫もできるようになります。

◎**教える際の注意点**

- 手順をていねいに教える（必要に応じて絵カードや、手順表を使うなど）
- 同じ手順で繰り返す
- 上手なときには「できた」とほめる。間違ったときには、手を添えたりしながら正しいやり方を教える

わかりにくい「終わり」

子どもと運動や課題学習をするとします。取り組みのなかには、子どもには「始まり」はわかっても、どこで「終わる」のかが理解しにくいものがあります。たとえば「ひも通し」や「ペグ刺し」「ジグソーパズル」などは終わりの見当がつきやすい課題です。

一方で、繰り返して行う運動や、いくつもの物を片付けたりするなどの課題は、どこまでやれば終わりなのか、子どもには見当がつきにくいといえます。数量や回数、時間がわかる子には、「〜回やったらおしまい」というなど、目安を伝えることができます。このことで、子どもには終わりまでの見当がつきます。ところが、数や時間がわからない子は、いつまで続ければよいのかがわかりません。

身の回りのこと、たとえば着脱などは「終わり」がわかりやすい取り組みです。完了したら「できたね」と話しかけ、物ごとには終わりがあることを教えます。

「できた」と人に対する意識

「できた」ということばを通して、子どもとの関わりにメリハリが生まれます。当然ですが、子どもの人に対する意識が強まります。人に対する意識が強まれば、指示も含め、大人からのことばかけに敏感になります。子どもが注意して聴こうとすれば、ことばの力がきっと伸びていくことでしょう。

「できた」と報告力

「できた」といえることは、人に報告できることです。報告できれば、大人は子ど

もから離れ、やるべきことをまかせておけます。

働く場面では「報告力」が必須です。これができないと、「作業がいつ終わるのか」を、まわりの人が見ていなければなりません。こういう状態では、作業をまかせるのは難しいでしょう。だから小さいときから、報告することを習慣づけることが重要です。報告することが当たり前になれば、仕事ができる可能性がぐーんと広がります。

「もう1回」が必要な子

子どものなかには、ちゃんとできていなくても「できた」といい、早く終わろうとする子がいます。自分の興味のないことを面倒くさがる子は、自分のできることであっても、1回きりでおしまいにしようとします。こういう子たちには、1回で終わりにさせずに、「あと1回やろうね」とうながします。もっと上手にできるようにしたいし、意欲を持って繰り返しやり続けられる子どもに育てたいからです。

「できた」と社会的感情の育ち

子どもがあることができたときには、評価することを心がけるようにします。感情には、喜怒哀楽、すき嫌いなどの「個人的感情（情動）」と、恥や憧れ、自尊心といった「社会的感情（情動）」の2つがあるとされます。

「できた」には区切りを教えるだけでなく、子どもへの評価という意味もあります。「できたね！」といわれれば、子どもは「やれた！」という気持ちを持てるでしょう。人から認められたいという気持ちを「社会的承認欲求」ともいいますが、人間の基本的欲求の一つとされています。これは大人も子どもも関係なく存在する欲求です。社会的承認欲求が満たされるから、人との関わりは楽しく、充実したも

できた

のになります。

「できたね！」とまわりから評価されることが、人に認められたいという子どもの気持ちを、さらにしっかりとさせます。人に認められたい気持ちが、「できないと恥ずかしい」や「やれないとかっこわるい」といった、社会的感情を育ててもいくのです。

同じような役割を持つことば

子どもの理解力によっては、「練習すれば上達する」ことがよくわかっていない場合があります。こういう子には練習の際に、次のようなことばかけをします。

- 「まる」
- 「うまい」
- 「じょうず」

子どもの努力の過程を認めることばには、以下のようなことばがあります。

- 「がんばっている」
- 「じょうずになってきた」
- 「うまくなったね」

肯定的な評価を受けることによって、子どもは意欲を強め、自分のなかに自信をはぐくんでいきます。

こんなとき どうする？

Q.「できた」とほめても、ほめられたことがわからないようです。

！

A. ことばだけで「できた」といってもぴんと来ない子がいます。こういう子の場合は、その子が喜びそうなこと、たとえば頬をさわる、「やった！」といいながら子どもの両手をたたきあわせるなど、試してみましょう。ことばでなくても、「あなたは期待されたことをちゃんとやれたよ、えらいね」ということが伝わればよいのです。もちろん、「できたね」のことばだけではなく、子どもに効果があるようならば「ごほうびシール」などを使ってもいいでしょう。

ほめられていることに気づきにくい子がいるのも確かです。はじめは少々大げさにほめてあげます。そうしないと、大人のやっていることに子どもは注目しないでしょう。こういう子の場合には、大人が根気よく、繰り返して教える必要があります。

なお、ほめても表情が変わらないからといって、子どもが喜んでいないと思うのは早計です。自分の気持ちを、うまく表情に出せない子もいるからです。こういう子が、うれしそうな表情を少しでも浮かべたら、「うれしいよね」と共感しながら、ほめてあげましょう。

シーンⅠ
家の中で

テーマ
食事

関わりことば②
～したら、○○ね

相手の考えを受け入れるためのことば

◎**教えたいこと**

たとえば、「○○を食べたら、好きな物をあげるよ」といった関わりは、子どもに何を伝えているのでしょうか。目に見えない大切なルールがあることを教えているのです。そのことがひいては、仲間とのルールのあるあそびへとつながります。

◎**教える際の注意点**

- 大人は、目に見えないルールを教えていることを意識し、約束を守る
- 理解をうながすよう、さまざまな場面で使う
- 子どもの意欲を育てることを目指す

「〜したら、○○ね」というルール

自閉的な子に食事の指導をします。スプーンや箸の使い方を教えながら、偏食の指導も行います。なかには、食べたことのない食べ物を非常に警戒し、強く拒絶する子がいます。そういう子には、食べ物を数ミリ単位に細かくします。そして「（嫌いな物を）食べたら、すきな物だよ」といいながら、偏食をなおします。この取り組みのなかで、子どもの偏食が薄らぎだすと、相手に応じる力が高まるためか、人の話を素直に聞けるようになると感じてきました。なぜでしょうか。

我慢できる力が育つことも理由の一つですが、「嫌いな物を食べたら、すきな物が食べられる」という、目に見えないルールに気づくことがもっとも大きな理由だと思います。

ルールは誰が決めるのか

では、ルールは誰が決めるのでしょうか。ルールを決めるのは大人です。子ども

はそれを受け入れ、ルールに従います。子どもの成長には、大人が決めたルールを受け入れる時期が必要だと思います。そのことを通して他者の考えを理解しようという気持ちが生まれ、また相手の決めたルールを受容できるようになるからです。

集団参加と高まる自己抑制力

ある集団が集団として成立するためには、一定の目的と集団を律する決まり（ルール）が必要です。目的や決まりがないと「烏《う》合《ごう》の衆」となります。子ども集団も同じで、集団の成立には一定の目的と、仲間内での決まりが必要です。

逆に表現すれば、集団は一定の目的を達成するために、個々の子どもに「自己抑制力」を求めているといえます。さらにいえば、子ども集団は個々の子どもの自己抑制力を高める場という役割も持ちます。

偏食の強い子

現代の子育てでもっとも大変なのは、子どもに食事をさせることだといわれます。強い偏食を示す子は、他者の考えや決められたルールに従おうという気持ちや心構えが弱いのかもしれません。相手の決めたルールに従う体験が少なく、そのために社会にあるさまざまなルールを素直に受けとめられません。

「理解」は後からついてくる

ことばのわからない子に、「わからないから教えても無駄」という意見がありま す。「理解させずに教えるのは、押しつけと同じ」という声もあります。ただ人間の子どもは、基本的なことはまずは人との関わりのなかでできるようになります。そして、できるようになったずーっと後に、その意味や役割をことばで整理し表現できるようになります。

「ルール」を教える際の関わり方

注意したいのは、「〜したら、○○ね」を教える際には、「ルールを教える」のが大切とばかりに、機械的な形式で指導しないことです。子どもは、基本的なことはまずは人との関わりのなかで学ぶと述べました。大人の見せる「だめ―できた」の反応とともに、「やると大人がうれしそうにする」「できるとほめられてうれしい」

という気持ちが、学習への意欲を高めます。毎回毎回、機械的に大げさにほめるのは、子どもも慣れてしまい効果が薄れがちですが、無機質な関わり方も同じように問題です。

自発的に行動できるのが目標

「～したら、○○ね」という関わり方は、人から学ぶことを教えてくれます。はじめの段階ではとても有効な方法ですが、最終的な目標は、子どもがまわりの状況に合わせ、自発的に判断し行動できるようになることです。「できたら、ごほうびがもらえる」で終わってしまうと、人への関心が高まらず、人の気持ちや考えに対する気づきへと進まない可能性もあります。実際に子どもは、ごほうびではなく、相手の笑顔や「ほめことば」を支えに、自律的に行動するようになるとされます。

大人のほうが「～したら、○○ね」にこだわりすぎず、子どもの状態や課題に合わせて、違う関わり方へと変えていくことも必要です。

同じような役割を持つことば

子どもに見通しを持たせることばとして、以下のようなことばがあります。

● 「これが終わったら、次は～をします」

● 「今から3つのことをします。1番～、2番～、3番～です」

子どもにわかりづらいのが、否定の仮定文です。使わないほうがよいでしょう。

○ 「～ができなかったら、～はやれない」

○ 「～しないなら、～はあげない」

こんなときどうする？

Q. 「〜したら、○○ね」という方法は、子どもを大人の思うように育てるだけで、本人に意欲が生まれないのではないでしょうか。

A. 以前に、次のようなメールをいただきました。

「小学1年生になる娘に、発達障害があります。もともと染色体障害（プラダーウィリー症候群）を持って生まれ、感情面の問題が新しい課題となって出てきました。

『関わりことば』を使いながら、本人の様子を見守っていますが、手ごたえを感じています。私自身も足らない部分があったなと思い、『関わりことば』をいま知ることが出来てとても助かっています。まだまだ私自身が学ぶ事が多い段階です。これからも、本人なりの頑張りを見落とさぬよう、私も気持ちをこめて『関わりことば』を伝えていければと思っています。

いま、『〜をしたら〜○○ね』がとても本人にはしっくりとくるようです。本人のなかに、頑張る気持ちがあるんだなとあらためて感じています」

使い方によって、子どもの意欲を確かなものにし、またそれを育てていく力があることばだと思います。

シーンⅠ
家の中で

テーマ

清潔〈洗面・トイレ〉

関わりことば③

大きくなったね

自分への見方を肯定的にすることば

◎**教えたいこと**

　何事にも意欲を持ち取り組める子にしたいものです。それにはまわりからの評価が必要です。子どもには成長したいという気持ちがあり、だからいろいろなことを学びます。成長への願いをかなえ、意欲を育てるのが「大きくなったね」という評価です。

◎**教える際の注意点**

- 子どもの言動を、そのとき、その場で評価する
- まわりの大人が連携して、一人でも多く「大きくなったね」というほうが効果的
- いけないことをしたときには、「お兄さんじゃない」「赤ちゃんみたい」とたしなめる

大きくなったね

2歳の子どもが、背伸びしながら高い場所に自分の靴をしまおうとします。女の子は、大きなバッグに携帯電話やおもちゃを詰めて、引きずって歩きます。ほほえましい風景です。背伸びしたがるこの時期に、排泄の自立も含め、顔を洗うなど清潔面でも子どもは大きな成長を見せます。

「自立したい」のは自然の欲求

2歳の子どもは、背伸びをする、重いものを持つ、自分で排泄するなど自分でできることを広げようとします。それは赤ちゃんのように囲われ、守られることから抜け出そうとする姿でもあります。こういう子どもの姿のなかに、自立したいという自然の欲求が現れています。

この時期になると、発達につまずきがある子でも自分なりの考えが出てきます。自己主張するようにもなります。大人としては扱いが難しくなりますが、その一方で身の回りのことなど、一人でできることが急増します。

大人も、子どもの成長を喜び、「大きくなったね」ということばかけをしましょ

う。それが《できた→「大きくなったね」と認められる→意欲が生まれる→新しいことに挑戦する》、といった良い循環につながります。この循環のなかで、子どもは自立への欲求を確かなものにしていきます。

！「赤ちゃん？」「お兄さん？」

先生のいうことを聞かない、ほかの子といっしょに行動できない、すぐに泣いたり騒いだりする、という子どもがいます。そういう子は男の子に多く、筆者が相談を受ける年齢は4～5歳から小学校高学年に及びます。こういう子に、「○○くんは赤ちゃん？　お兄さん？」とたずねます。そ

れに対して「赤ちゃん」と答える子がいます。大半は幼児ですが、小学校高学年にも「赤ちゃんがいい」と答える子がいます。確かに赤ちゃんはわがままを許してもらえます。

2歳前後から、大人の「お兄さん（お姉さん）ね」ということばに、子どもはうれしそうな表情を浮かべ、頑張る姿を見せだします。これこそが自然の姿であり、赤ちゃんと答える子は問題といわざるを得ません。成長への拒絶を思わせるからです。

「赤ちゃんでもいい」という親の思い

子どもが未熟にとどまる一因には、親の「このまま赤ちゃんでいい」という思いが影響しているのかもしれません。実際に、そう話す親がいます。

ただ前述したように、子どもには2歳前後から、お兄ちゃんになるための「成長の階段」を登ることが課せられています。子どもは大人が思う以上に、成長を目的とした濃密な時間のなかで育っていきます。次々にできることが広がっていかないと、自立していくことが難しくなります。大きくなりたい、成長していきたいというのが自然の姿なのです。ですから、大人は、子どものこの自然な姿を妨害しないようにしなければなりません。

「大きくなったね」ということば

子どもにとってさらに必要なのは、誇りであり、憧れです。「大きくなったね」や「じょうずになったね」ということばは、子どもにとって、自分への誇りを育て

関わりことば③

大きくなったね

てくれます。またもっと「大きくなりたい、上手になりたいという目標＝憧れ」の気持ちも生み出します。

その憧れは、子ども自身のまわりの子や人を見る目を変え、「同じことができるようになりたい」という気持ちを強めることでしょう。それが尊敬や、畏敬《いけい》といった社会的感情へとつながっていきます。

すき嫌いなど、個人的な気持ちが尊重される社会。それはそれで大切だとは思います。ただ、社会的感情に目を向け、それも合わせて育てていかないと、子どもは社会に参加することが難しくなります。子どもと接する大人は、このことを常に意識しておく必要があるのです。

同じような役割を持つことば

似たような働きを持つことばとしては、以下のようなものがあります。

- 「うまいね」
- 「できるようになったね」
- 「えらいね」
- 「すごい！」
- 「できて、びっくりした！」

こんなときどうする？

Q. 「見て、見て」といった、大人へのアピールが弱い子にはどう関わればいいのでしょうか。

A. 子どもは一定の成長段階にいたると、「見て、見て」といった自己アピールが盛んになります。ところが最近、自分ができるようになったことを、親にアピールしない子と出会うようになりました。園や学校ではやれることを、家ではしなくて、大人の世話を受けて平気です。新しくできるようになったことがあれば、それを「見て、見て」と親に披露したくなるのが子どもの自然の姿です。ところが、そういう姿がありません。家では、ソトと打って変わり赤ちゃんのように親に甘え、自分でできることもしようとしません。

子どもがこういう姿を見せる一つの理由として、大人が待てないことが考えられます。子どもは大人と違い、何かをするときに時間がかかります。その時間を待ちきれずに、大人が手を出しすぎているのかもしれません。これでは、子どものなかに自立への欲求が育っていきません。「大きくなったね」も含め、子どもの「できるようになりたい」という気持ちを育てるためには、子どもがやることを待つことも大切です。

シーンⅠ
家の中で

テーマ
指示する・理解する

関わりことば④
だって

考えをまとめ、相手の理解をうながすことば

◎**教えたいこと**

子どもの不適切な行動は、理由の必要性を理解していない、理由表現が十分でない、自己流の理由にこだわるなど、理由づけと関係していることがあります。不適切な行動の原因を探るとともに、理由の理解度を探り、あわせて理由表現を教えます。

◎**教える際の注意点**

- 理由がよくわからない子には、説明過剰にならないようにする
- 「Aだから、Bだから、どっちかな?」の二択方式で理由表現を教える
- 子どもなりに、理由があるかもしれないことを忘れない

関わりことば④

だって

理由がわからない子

「おいしいから食べてごらん」「あと少しで終わるから、もうちょっと頑張ろう」といったりすると大騒ぎする子がいます。自閉的なKくんと会ったのは、彼が5歳のときでした。課題場面では、気持ちが激しく動き、大騒ぎしていました。

人間は、理由なしには行動しないという暗黙の了解があるからかもしれません。Kくんが騒ぐ姿を見て、課題が嫌いなのでは？　難しすぎるのかも？　と筆者は感じていました。あるとき、Kくんに話すときの自分のことばについて考えてみました。

○　AとBは同じだから、ここに入れる
○　あと8個で終わるから、頑張って
○　動くと椅子が壊れるからじっとする
○　失敗するから、こうしなさい

など、当たり前のように理由をつけて指示していました。

大人のことばかけには、無意識に理由が入ることが多いのでしょう。そして、理由をいっているから子どもはわかるはず、従うべきだと思ってしまいます。ところがKくんはその頃、理由が理解できていませんでした。当時の筆者は、Kくんが従わないと、「わかっているのにやらない」と思い込んでいました。そして、「どうしてやらないの？」と理由を聞いたりしました。それがKくんをますます混乱させ、大騒ぎにつながることもあったのでしょう。

わからない場合、理由の文を使わない

その後Kくんに対しては、

○　AとBは同じです
○　あと8個です
○　壊れます
○　こうしましょう

というように、理由文を入れずに説明するようにしました。理由がわからない1～2歳の子には、「手が汚れているから洗いなさい」ではなく、「手が汚れているね、ゴシゴシよ」と表現します。それを真似たといえます。

「どうしてラーメンが好きなの？」と筆者がたずねたときに、「おいしいから」とKくんがはじめて答えたのは小学校5年生のときでした。この時点で彼の大騒ぎは激減していました。今は中学校2年生ですが、理由を聞くと、内容は幼いものの、Kくんなりの考えを了解できます。筆者が理由をいい指示をすると、Kくんはそれを理解し実行します。こういったやりとりをするなかで、お互いがわかり合うためには、理由の理解が大切だと痛感しました。

言語発達につまずきがあり、理由がわからない子がいます。コミュニケーション

をとる際には、子どもが理由の存在や意味、役割をわかっているのかどうか、大人はまず確認する必要があります。

理由づけが、確信的な問題行動にも

相手に通じる理由がいえないと、衝動的とか了解不能の行動と誤解されてしまいます。ただ、理由づけが表現できれば、まわりが了解できる行動になるかといえばそうともいえません。小学校5年生のSくんは、特別支援学級の同級生と犬猿の仲です。2人は目が合うと、互いに罵倒しあいます。Sくんに、どうして同級生を見ると喧嘩になるのかを聞いてみました。すると、「あいつはカードして

いるから」という答えが返ってきました。一見もっともらしい理由のようですが、これでは本当の理由はわかりません。

ある小学生は、お母さんに対して命令口調で話します。命令口調の理由をたずねると、「オレのほうが偉いからね」といいます。これ以上は話が続かず、何を基準に偉いと思っているのかは、よくわかりません。

確信の理由づけを変える必要がある

たとえ理由になっていなくても、問題行動をする理由を相手にいえる子どもは、行動を修正するのが簡単ではありません。人の考えを容易に受け入れず、修正し（でき）ないからです。「固い頭」の子は、友だちがいないなど、社会性の未熟さもあわせ持っていいます。子どもに影響力のある人からたしなめてもらい、適切な理由づけに修正する必要があります。

同じような役割を持つことば

以下のことばは、相手から理由を学ぶときに使います。コミュニケーションに問題を持つ多くの子には、人に理由を聞かないという特徴があります。人から理由を学ぶためのことばを教える必要があります。

- **「どうして」「なんで」**

なお、大人が子どもに理由を聞くときの多くは、子どもが何かいけないことをした後です。このために、子どもによっては「どうして」「なんで」は嫌な質問となっています。こういう子には、問いただしの「どうして？」ではなく、「どう思った？」「何がしたかったの？」というように、意図の違う疑問詞を使います。

こんなときどうする？

Q. 何かをやる前に、母親に確認しないとすみません……。

！

A. たとえば、「お母さんがいいといったから、音楽聴こう」や「楽しいから本を読もう」と考えれば、ほかの人に確認せずに自分で決めて行動できます。つまりは、自律的行動ができるようになります。

また、「～だから、○○しよう」と考え行動すれば、誰かに「どうして○○したのですか？」と聞かれても平気です。相手に通じる理由をいえば理解してもらえ、互いにわかり合うことができます。そのこともあって、子どもは理由を学ぼうとするのでしょうが、確認行動にとどまって足踏み状態の子がいます。

対応策の一つとしては、「理由の表現を教える、具体的には確認を求めてきたときには本人が決めることと考えて、承認の『いいよ』のあとに『～が決めることだからね』という。わかりだしたら、『いいよ』をいわない」があげられます。

ことばの理解力との関係もありますが、問題行動のメカニズムを発達的に理解したうえで、繰り返しの対応が必要となります。

シーンI
家の中で

テーマ
お手伝い

関わりことば⑤
～の仕事
〈物事の決定権〉を教えてくれることば

◎**教えたいこと**

意思を尊重することが優先されすぎると、子どもは決定権を誤解して、何事も自分で決められると思ってしまいます。特に、上下関係でとらえがちな2、3歳の時期には、注意が必要です。子ども自身が大人の上に立とうとするからです。

◎**教える際の注意点**

●子どもが、自分は人に命令していいと思っていないかを確認する
●お手伝いなどを通して、役割関係への理解をうながす
●「～は私が決めます」と大人がはっきりと伝え、決定権の誤解を防ぐ

①園外保育で、公園から帰ろうとすると大騒ぎして拒否する（5歳、男児）
②女の子の髪の毛に急にさわる（小4、男児）
③教室で、先生から自分を当ててもらえないと騒ぐ（小5、男児）
④いくら注意しても、テレビゲームをやめない（中3、男児）

これらの問題行動は、それぞれまったく違う様相を呈していますが、その原因は、何でも自分で決められるという子どもの誤解から起こっています。

役割や仕事を示す「の」

もちろん子どもの要求がすべて通るわけはありません。実際に子どものいうがままにしていると、生活するうえで支障が生じます。ですから、子どもに対して大人は、ときには毅然とした態度で主張をたしなめたり、要求を拒否したりします。

思いどおりにならないという体験を通して、次第に「お母さんの仕事」といったことばがわかるようになります。それまではまとわりついて、料理の邪魔をしていた子が、「ママのお仕事」といえば離れられるようになります。人の働きや役割を

理解しだすといえます。「料理中はまとわりついてはいけないこと」をお母さんが決め、それに従えるようになるともいえます。さまざまな場面を通じて、子どものなかで決定権への理解が進むのです。

なぜ理解がスムーズに進まない？

誰かを見送るとき、「いってらっしゃい」ではなく「いってきます」という子。「ちょーだい」ではなく、「どうぞ」といいながら相手からおもちゃを取ってしまう子。これらの姿は、2歳前後の子どもには普通に見られる現象です。自他の区別がはっきりとしていない姿といえます。それが2歳

～の仕事

半ばを過ぎると自他の区別ができだし、言い間違いが減ります。

子どもは「～ちゃんの！」と主張しながら、自分と他者の違いを意識するのでしょう。ところが、「自他の区別」が進まず、所有や役割への認識が曖昧《あいまい》なままの子がいます。それが決定権への思いもよらない誤解へと進みます。その結果、子どもの姿が、「わがまま」「自分勝手」「人の話を聞かない」と見えたりします。

子どもの要求は、何でも受けとめるという姿勢。あるいは説明しても理解できるはずがないという大人の思い込み。これらが決定権への、子どもの誤解を根深いものにする要素にもなります。

なぜ大人は決定権を誤解させるのか

決定権を理解するには、幼児期において数年かかります。親は自分の意思を押し通す子どもの姿を見て、「成長した」という誤解を持つのかもしれません。早く自分で決められる子に、という願いが誤った認識をさせてしまうのです。これが続くと、子どもは誤解を修正できずに定着させてしまうことになるでしょう。

すべての決定権を子どもに最初から与える大人はいないでしょう。たとえばおこづかいの額は、年齢にあわせて少しずつ増やします。そうやって、子どもの裁量権を徐々に広げていき、大人の金銭感覚が持てるようにします。決定権は、おこづかいと同じように、子どもの能力や様子を見ながら徐々に与えていく必要があります。

決定権から、人の気持ち、考えの理解に進む

すでに誤解している子には、「決めるのはママ」「先生のお仕事」と話をし、誤解

を解くような努力が必要です。あわせて、家でのお手伝いや、園や学校などでの係りの仕事をさせて、人の役割や仕事への認識を深めさせます。

決定権や役割などがわかっていないと、日々のなかでさまざまなトラブルに巻き込まれる可能性があります。誤解のためにまわりとうまくいかず、人と関わることに自信が持てないままに、家に引きこもることもあります。

さて、所有や決定権を理解できたあとに、「自分の気持ち、人の気持ち」がわかるようになります。それに続いて、「自分の考え」と「人の考え」の違いも理解できてきます。決定権を誤解したままだと、人の気持ちや考えがよく理解できない可能性があるのです。

同じような役割を持つことば

誤解を防ぐために、決定権が誰にあるかを明確にしながら、子どもに話します。

- 「先生が決めます」
- 「親が決めることです」
- 「これは、先生が決めること。あなたが決めることではありません」

子どもが自分で決めていいこともあります。

- 「自由時間です。好きなことしてあそんでいいよ」
- 「好きな物を選んでください」

こんなときどうする？

Q. 決定権を誤解している子がいます。

！

A. もうすぐ6歳の男の子でした。幼稚園の先生と一切話をせず、「アスペルガー症候群」や「場面緘黙《かんもく》症」を疑われていました。会うと緘黙症特有の緊張感はなく、会話もスムーズに進みます。

彼に話をしない理由を聞きました。それに対して、「先生が何でも決める、だから苦手。先生がいなければなんでもできるのに」と答えました。彼はブロックや積み木で、長い時間をかけ、大きいものを作るのがすきだそうです。ところが先生は、園のプログラムがあり彼のあそびを中断させます。自分の思いどおりにできないので、内心では腹を立てているのでしょう。それで先生と話をしなくなったようです。

子どもが指示を、大人の役割・仕事と思っていなければ、「(自分を)嫌いだから命令する」「いじわるでいっている」と思う可能性があります。誤解している子の姿は、反抗挑戦的に見えたりします。ところが実際には、反抗的でもなく大人の意図が読めないのでもありません。ただ決定権を誤解しているだけです。誤解させないように、子どもに「これは先生が決めます」と宣言し、きちんと理解させる必要があります。

シーンⅡ
園・学校で

テーマ
課題に取り組む

関わりことば⑥
やさしくいう

自分の感情をコントロールさせることば

◎**教えたいこと**

ちょっとしたことで、大声で怒鳴り返す子は要注意です。自分が、まわりから受け入れられていないと思っている可能性があるからです。同時に、自分の気持ちのコントロールができないのも問題です。「やさしくいう」ことを教える必要があります。

◎**教える際の注意点**

- 感情のコントロール力をつけることを目標とする
- 声の調子ばかりでなく、発言の内容にも注意する
- 感情のコントロールができたときには、すぐにほめる

何かの課題に取り組むときに、失敗するとすぐに投げ出したり、怒ったりする子がいます。こういう場合に、「やさしくいう」を教えます。

ことばでなく、体験で学ぶ段階がある

「やさしくいう」ためには、相手の気持ちを思いやる力が必要です。思いやる気持ちは、さまざまな体験を通して学ぶものであり、一朝一夕《いっちょういっせき》に獲得できることではありません。繰り返し教えていく必要があります。

大人は説明の際に、「相手が怖いと思うから、やさしくいいなさい」というように、理由をつけることがあるでしょう。ただ、理由の意味がわからないと、子どもによっては理解しにくい場合もあります（37頁参照）。

「やさしくいいなさい」といいながら、大人が不愉快な表情をはっきりとさせて伝えるのは効果的です。実際に子どもは、理由はわからなくても自分なりに「いい、わるい」の判断ができるようになります。大人の不愉快な表情を見ることで、自分の表現が適切かどうかを学びます。

わかりにくい相手の気持ち

ことばで、大きい声を出すとほかの子が「びっくりする」、ほかの人から「嫌われる」、まわりの「迷惑」と説明しても、はじめはわかりにくいかもしれません。相手の気持ちを読み取るのが難しいこともあります。さらにいえば、子どもが気持ちに関することばや、その内容を理解していないこともあるでしょう。

「びっくりする」は、それがどういう気持ちの動きなのかわかっていなければ、意味不明のことばとなります。「嫌われる」は、相手から好かれようと思わなければ、

話してもあまり効果はないでしょう。

「迷惑」も抽象的で、理解が難しい子がいます。ただ、こういうことばですが、実感を込めた声色《こわいろ》、顔の表情といっしょだと徐々にわかり始めることでしょう。子どもが指示を理解し、やさしくいえたときには大いにほめます。

感激じょうずな子ども

子どもは興奮しやすく、感激じょうずでもあります。大人とは違う子どもの感情世界ですが、このことは子どもの学びと深く関係しているのかもしれません。楽しかった出来事、怖い思いをしたことなどはよく覚えています。記憶には感情の働きが影響するといわれます。つまり、子どもは、気持ちの揺れ動きが大きいから、出来事や学んだことをしっかりと心に残していけるのでしょう。

感情のエネルギーの強い子どもの時期だからこそ、泣き叫んだり、怒ったりする姿も強烈になります。

感情のコントロールが目標

喜怒哀楽の感情のなかで特に問題なのは、怒りの気持ちです。怒ってばかりいる人とは、友だちになろうとは思いません。これは子どもの世界でも同じです。だから大人は、子どもの怒りに敏感である必要があります。

「やさしくいう」ことの基本は、感情をコントロールできるようにすることです。特に、怒りや恐怖の感情のコントロールが目標です。子どもだからこそ大変なのでしょうが、注意したり、不安がっているときには、「だいじょうぶ」と声かけするなどしてコントロールできるよう教えていきます。

感情のコントロール力は、思春期への対応でもある

子どもですから、はじめは難しくとも、そのポイントさえ大人が理解していれば、折々に子どもを指導できます。その積み重ねが子どもを変えます。感情のコントロール力がつくことは、思春期以降への対策でもあり、しっかりと取り組みたい課題です。

同じような役割を持つことば

感情のコントロール力を身につけることが目標です。
- 「怒ったような声でいわない」
- 「静かに話す」
- 「ゆっくりといいなさい」

感情は、顔やからだの動きにも現れます。
- 「怒っているよ」
- 「怖い顔をしない」
- 「静かに動く」
- 「静かに動きなさい」

こんなときどうする？

Q. 何かいわれると、すぐにふてくされたり、すねたりします。

!

A. ふてくされたり、すねたりするのは感情のコントロール力が未熟だからといえます。日常的に、ことばのいい方、態度などについて注意し、まわりから受け入れられるために穏やかに表現するにようたしなめます。

子どもは、失敗しても失敗しても、めげないところがあります。たとえば、洋服の着脱、絵を描く、計算するなどの場面です。子どもはうまくいかず、何度も何度も失敗し、間違えます。それでも子どもはめげずに、成功するまでトライしつづけます。子どものこういう姿を、「自己安定感」があると表現する専門家がいます。

ふてくされたり、すねたりする子は、この自己安定感が弱く、失敗に耐えられない子どもといえます。大人は、こういう子に対しては失敗したときに注意するのではなく、いっしょに笑ったりして、大らかに受けとめたほうがいいでしょう。こういうやり取りを通して、子どものなかに自己安定感をはぐくみます。

シーンⅡ
園・学校で

テーマ
みんなで活動

関わりことば⑦
楽しかったね

自分の気持ちを表現することば

◎教えたいこと

気持ちを表すことばは、教えないと子どもが自分から表現しなかったり、意味を取り違えて覚えたりします。子どもの気持ちを察し、感情を示すことばで共感をうながします。「楽しかったね」と話せば、子どもにも楽しい活動と感じられることでしょう。

◎教える際の注意点

- 子どもに感じてもらいたい気持ちを、大人がことばで表現する
- 子どもの気持ちを、「楽しかった?」などと質問する
- 気持ちのことばは、子どもには難しい抽象語であることを理解する

抽象化せずに記憶する

キム・ピークという人がいます。彼は、映画『レインマン』でダスティン・ホフマンが演じた人物のモデルです。彼の毎日は、着替えなども含め父親の介助なしでは考えられない暮らしです。ただ彼は、「カレンダー計算」（何年の何月何日は何曜日か、といった計算）能力ばかりでなく、一度読んだ本の内容をほぼ完璧に覚えるなど、驚くべき記憶力を持っています。また音楽の記憶にも、特別な才能を持っていることがわかってきました。彼は驚異的な記憶力を持つ、いわゆるサヴァン症候群とされ、そのなかでも百年に一人の〝巨人〟と評されています。常人では考えられないような姿を見せる彼ですが、その記憶には一つの特徴があります。それは、「あるがままに記憶する」という点です。

たとえば、単語を覚えるという課題があります。記憶すべき単語として、「ケーキ、チョコレート、キャンディ、アイスクリーム、パフェ……」が次々に出てきたとします。これらの単語を聞き続けるうちに、人の頭には「甘い」ということばが

自然に浮かび、一つ一つの単語ばかりでなく、「甘いもの」というくくり方をするとされます。「甘いもの」とくくれば、単語の一つ一つは正確に覚えられなくても、大まかには間違わないで記憶できるといえます。
ところがキムは違います。単語に共通する要素に注目せず、つまりは抽象化せずにそのままを記憶します（なお彼の記憶のメカニズムは、まだよくわかっていません。これから新しい知見が生まれる可能性があります）。

なぜ気持ちが出てこないのか？

たとえば、子どもが書く日記や読書感想

文に、「楽しかった」「うれしかった」「おもしろかった」などの気持ちの表現が入らないという嘆きをしばしば聞いてきました。その理由を、キムは教えてくれているのかもしれません。

遊園地や海に行ったときに、子どもは決して楽しくないわけではないでしょう。その証拠に、楽しそうな姿を見せてもくれます。しかし体験をことばでまとめ、記憶するプロセスで、「楽しい思い出」という、抽象的なくくり方ができません。このために、日記で「楽しかった」と書けません。

感情のことばは、抽象語の一つです。人それぞれに「楽しいこと」はありますが、その内容は人によって違います。気持ちのことばは、犬やりんごなどの具体物ではなく、抽象的です。このために、子どもにはわかりづらいのでしょう。

抽象化できないと共感が生まれにくい

「楽しかったね」「おもしろかったね」と子どもに話しかけます。その際大人は、自分と子どもが「まったく同じに感じた」とは思わないでしょう。禅宗では

「一人《ひとり》一宇宙《いちうちゅう》」ともいいます。人は感じることも思うことも、誰一人として同じではないことが、心理学の研究でもわかってきました。

大人と子どもも同じです。大人は「楽しかったね」といいながら、子どもは「まったく同じ」は無理でも、「同じように感じただろう」と考えます。あるいは「同じように感じてほしい」と願います。「楽しかったね」といいながら、共感を求めているといえます。

抽象化が人との共感を生み出す

「楽しかったね」ということばは、出来

事を記憶する際に、抽象化をうながします。また「楽しかったね」ということばが、人との共感を生み出すきっかけになります。人として同じように感じたい、「楽しかったね」と子どもに語りかけたい理由はそこにあります。

同じような役割を持つことば

気持ちを表すことばには、さまざまなものがあります。ただ、大人とは違い、子どもは文学的な大人びた感情表現はできません。子どもが使うのは、「喜怒哀楽」や「すき・嫌い」のほか、仲間を求めてか、「さびしい」「つまらない」といった内容です。絵本やアニメがすきな子は、気持ちの表現も豊かでしょう。ここでは、肯定的な気持ちのことばを示します。

- 「うれしかったね」
- 「おもしろかった」
- 「ワクワクしたね」「ドキドキしたね」

こんなときどうする？

Q. 感想を聞いても答えないか、「楽しかった」で終わりです。どうしてでしょう？

A. 子どもに「楽しいことは何？」と質問します。子どもにたずねながら、楽しいことはたくさんあるはずなのにと思います。遊園地、動物園、プールなどです。ところが、遊園地で楽しそうにしていた子でも、「楽しいことは何？」という質問には答えられなかったりします。

通常は1歳前後から、子どもは大人が見ているものを見ようとします。親子の間に「まなざしの共有」が生まれ、大人と同じところに注意を払うようになります。これを「共同注意」といいますが、これによって大人から「楽しい」「おもしろい」ことを教えてもらえます。子どもは大人の話や活動への関心を高めます。

紋切型で「楽しかった」という子は、自分の興味関心があることと、大人の考える楽しいこととに食い違いがあるのかもしれません。大人が子どもと関わる際には、子ども独自の「楽しいこと」を認め、それについて「楽しいね」と話しかけます。共感が生まれれば、楽しかっただけではなく、「おもしろい」「うれしい」「つまらない」といったほかの気持ちのことばにも発展していくでしょう。

シーンⅡ
園・学校で

テーマ
描く・つくる

関わりことば⑧

もったいない

人や物と大切に関わることを教えることば

◎**教えたいこと**

「もったいない」ということばには、大切な意味があります。特に、日本の文化から生まれ、根づいた考え方なので、子どもに学ばせる必要があります。ことばが未熟な子でも、大人が実際の行動を子どもに示し、伝えていくことができます。

◎**教える際の注意点**

- 日常の場面で子どもに、「もったいない」とことばかけをする
- 制作課題のときなどに、材料を雑に、無駄に扱わないよう注意する
- 子どもが、物を大切に扱ったときにはほめる

「もったいない」と「MOTTAINAI」

ノーベル平和賞を受賞したケニアのワンガリ・マータイさんは、環境保護活動で有名です。そのマータイさんが日本に来て知ったのが、「もったいない」ということばでした。彼女はこのことばを、環境保護のために世界中に広げたいと思っています。そこで「ＭＯＴＴＡＩＮＡＩ」と表記し、その考えを広げる運動を行っています。

ではなぜ「ＭＯＴＴＡＩＮＡＩ」という文字を使っているのでしょうか。英語にもフランス語にもマータイさんの国のことばスワヒリ語にも、浪費の意味のことばは

あっても、日本語の「もったいない」にあたることばがないからだそうです。

広辞苑によれば、「もったいない」の意味は、「畏《おそ》れ多い、かたじけない、ありがたい、むやみに費やすのが惜しい」と紹介されています。「もったいない」には、精神性が込められ、感謝の気持ちが含まれています。

また、人であれ物であれ、その本分、本領を発揮させないのは惜しい、残念というときにも「もったいない」を使います。活かし切る（生かし切る）ことが大切という考えがあります。日本人は、人や物との関わりが細やかといわれます。その細やかな気配りの原点の一つに、この「もったいない」ということばがあるのかもしれません。

自分の行動を律する「もったいない」

水を出しっぱなしにする、むやみにティッシュを使う、電気をつけっぱなしにする、こういったときに、大人は子どもを注意します。では、注意する根拠とは何でしょうか。日本人ならば、「もったいないから」がその根拠となるでしょう。

もったいない

子どものほうも、注意されて「もったいない」という考え方、判断基準を獲得します。そうなると、自分から水を止め、ティッシュの使い方も考えるようになります。さらに進めば、電気をつけたままにした大人を注意するようになるでしょう。「もったいない」ということばが、子どもの日々の行動を変えます。「もったいない」という考え方が、子どもの行動を変えたともいえます。

「関わりことば」から学ぶ判断基準

「関わりことば」は、英単語のように覚えた数で評価されることばではありません。

「関わりことば」が持つ、人や物への見方・考え方を学んだかどうかが重要なのです。たとえお話ができない子どもでも、聞いて、見て学ぶうちに、まわりの人の見方や考え方を知らず知らずのうちに学び取ります。まわりから判断基準を学ぶこと、それが子どもの成長にとっては大切なのです。

とても早期に、自分に根づく判断基準

「もったいない」ということばに子どもが理解を示すようになるのは、一般的には4歳前後からです。「もったいない」も含め、関わりことばの大半は1、2歳から4、5歳という幼児期に学びます。自分なりの見方、判断基準の形成過程から見ると、人生では第一番目とでもいえるほどに、早期に学びます。自己判断ができるように人間の基礎を作る、群れ（社会）のなかで生きていくための知恵を与える、そういう意味を持つのが「関わりことば」といえます。

関わり方を学び適応していく

では、この「もったいない」ということばを教わらず、学ばなかった子どもはどうなるのでしょうか。日本人どうしが共通に持つ見方や考え方、つまりは価値観を共有できません。

実際に職場で、「もったいない」を理解しないまま、物をぞんざいに扱う青年は受け入れられるでしょうか。物を大切に扱えない青年は、きっと受け入れてもらえないでしょう。

人や物、また自分自身との関わり方を教えてくれる「もったいない」ということば。

「もったいない」は、学ぶべき重要な関わりことばです。

同じような役割を持つことば

「もったいない」には、独特の精神性、価値観が込められています。このために、まったく同じ意味を持つことばはありませんが、しいてあげれば以下のようなものが考えられます。

- 「無駄にしない」
- 「大切に使う」
- 「次に使うまで、取っておく」
- 「使い方をよく考える」

こんなときどうする？

Q. ことばが未熟な子どもに「もったいない」を教えたい。

A. ことばの力が十分でない子どもには、そのつど、大人が行動の手本を見せていく必要があります。たとえば手を洗うときです。適量で水を止められない子の場合、水道の水を流しっぱなしにせずに、洗面器にとって洗うことを教えてもいいでしょう。

たとえばティッシュなどを無駄づかいをする場合には、必要な量を示して使わせます。ことばの力が未熟な子は、見たこと、体験したことにもとづいて行動する傾向があります。ことばで考えて行動するのが難しいと考え、良いお手本を繰り返し見せます。良いお手本がたくさんストックされれば、無駄づかいなどの行動は減っていきます。

関わりことばは、おおむね1歳から4歳台までの幼児期に学び、理解されると述べました。たとえ知的障害があっても、ごく一部を除き大半の場合、青年・成人になれば4歳台の理解力には到達します。ですから、子どもによって理解できる時間に差はあっても、根気よく教えていけばわかるようになります。

シーンⅡ
園・学校で

テーマ
新しいことに挑戦する

関わりことば⑨
だいじょうぶ

気持ちを落ち着かせてくれることば

◎**教えたいこと**

子どもには、痛い思いや怖いことがいっぱいあります。子どもの痛みや怖さを緩和してくれるのが、「だいじょうぶ」ということばです。このことばによって、子どもは大人から守られている実感と、物事に挑戦するときに必要な勇気を与えられます。

◎**教える際の注意点**

- 子どもが安心、安定できるように話しかける
- ときには、力強く言い切ることも必要
- 「だいじょうぶ?」という子どもへの問い合わせは、慎重に行う

「だいじょうぶ」と安心感

いとうひろしさんの絵本に、『だいじょうぶ　だいじょうぶ』（講談社、1995年）という名作があります。ご存知の方も多いことでしょう。読者の感想がインターネット書店のアマゾンに寄せられ、掲載されていますので紹介します。

「おじいちゃんが言ってくれた『だいじょうぶ』の一言で子供がゆっくりのびのびと成長し、最後には自分がおじいちゃんに『だいじょうぶ』って言ってあげる本です。育児で疲れたりしたときにチラッと見るだけでも、優しくなれるしホッとする本です」

この本を読むと、子どもにはだいじょうぶといってくれる存在が必要なことが、よくわかります。もちろん、感想を寄せたお母さんも、誰かから「だいじょうぶ」といってもらえたのでしょう。そのときに感じた安心感が、読みながら思い出されるのでしょう。大人になっても「だいじょうぶ」ということばは、自分の気持ちを落ち着かせたり、ほっとさせてくれる魔法のことばです。

「こだわりくずし」と「だいじょうぶ」

場所、位置、手順などに現れる「こだわり」。「こだわり」のなかには生きていくうえで妨げとなるものがあります。だから、こだわりをくずすことは重要です。ところが、こだわりくずしには説得があまり効きません。だから実力行使にならざるを得なくなります。ただ、こだわりくずしだけに大人が「こだわり」すぎると、子どもの混乱や不安、恐怖への配慮が不足してしまいます。

こだわりくずしをするときにこそ、子どもに「だいじょうぶ　だいじょうぶ」と声かけをし、ときには抱きしめてあげたいものです。

そうやって、混乱や不安を減らし、恐怖感を記憶させないようにします。もしも「こだわりくずし」が実力行使のみであれば、子どもはその恐怖を頭のなかに強く刻印する可能性があります。ことばの力が育ってくれば、体験の意味を再編成できます。しかし、ことばが未熟なままに強制的な扱いを受けると、過去の恐怖体験を思い出し拒絶する可能性があります。

「だいじょうぶ」と自立

「だいじょうぶ」ということばは、誰かがいってくれてはじめて、その意味と役割が実感できることばです。だいじょうぶということばを聞きながら、子どもは安心するとともに、頼りにできる人も見つけるのでしょう。「だいじょうぶ」という気持ちを勇気の糧《かて》に、子どもは新しいことをたくさん学び、自立への道を歩みだすのでしょう。

1、2歳の子どもは、大人が「だいじょうぶ」といっても真似しません。自分で「だいじょうぶ」といい出すのは3歳台からです。そのときの「だいじょうぶ」は「自分ひとりでできるから手伝わないで」という意味でも使われます。「だいじょうぶ」ということばが、自立心をうながすのがわかります。

痛みや不安がやわらぐ「だいじょうぶ」

「だいじょうぶ、だいじょうぶ」と大人は子どもにいいます。赤ちゃんが泣いたら無意識にいったりします。ただ、子どもにはその意味はわからないでしょう。真似していうこともまずありません。それが3歳を過ぎた頃からお人形さんをトントンしながら、「だいじょうぶよ」と大人と同じ意味で使うようになります。

子どもは大人から「だいじょうぶ」といわれたときに、ことばだけではなく、相

手のまなざしやぬくもりを感じ取り、自分の痛みや不安をやわらげます。

いわない子には、表現させる工夫を

自分からいわない子には、「だいじょうぶだよね。一人でできるよね」と励まします。答えられる子には、「だいじょうぶ？　だいじょうぶでない？　どっち」と二者択一で選ばせましょう。意思がはっきりしない子には、「だいじょうぶな子は手を上げて」と提案します。そして、手を上げるよううながし、子どもに「だいじょうぶ＝一人でできる」ことを伝えます。一人ではできない場合には、「いっしょにやろうね。

だいじょうぶだよ」と話します。子どもの表現力や能力にあわせながら、「だいじょうぶ」ということばの意味、役割を伝えていきます。

同じような役割を持つことば

「だいじょうぶ」には、子どもの不安を軽減させ、自分を奮《ふる》い立たせる役割があります。また、ほかの子などにも思いやりの気持ちを表現するときに使われます。

- 「心配ない」
- 「怖くない」
- 「できるよ」
- 「ちゃんとやれるよ」

こんなときどうする？

Q. 子どもを不安にしてしまう関わり方はありますか？

A. 子どもは、思いもよらない物を怖がったりします。たとえば、子どもによって1歳前に見られる帽子や制服への恐怖や、そのあとには着ぐるみを怖がったりします。トイレも恐怖の対象になったりします。

子どもの痛みや不安をやわらげてくれるのが、「だいじょうぶ」ということばです。ただ、「だいじょうぶ？　だいじょうぶなの？」と尻上がりの調子で使うのは、場合によっては避けたいものです。かえって子どもの不安をあおってしまうからです。

実際に「だいじょうぶ？　だいじょうぶ？」と、心配そうに子どもに問い合わせる大人がいます。やや心配性の性格なのかもしれません。気をつけなければならないのは、病院などでこういわれると、子どもは不安を強めたりします。

大人はときには、「だいじょうぶ　だいじょうぶ」と強くいい切る強さを持つ必要があります。大人の力強い口調が、子どもに「守られている」という安心感を与え、物事に取り組むときに必要な勇気を与えてくれます。

シーンⅡ
園・学校で

テーマ
スケジュール変更のときに

関わりことば⑩
残念・仕方がない

気持ちのコントロール力をつけることば

◎教えたいこと

予定どおりに物事が進まなかったり、すきな物がこわれたりすることがあります。それに耐えられずに大騒ぎするのは、あきらめられないからです。あきらめられない子は、物事を柔軟に受けとめられません。「残念・仕方がない」という見方を教える必要があります。

◎教える際の注意点

- あきらめられずに気持ちが不安定なときに、ことばをかける
- 一度であきらめられないときには、時間をおいてことばをかける
- 気分転換ができたときにはほめる

気持ちをコントロールする

子どもが、聞きわけがよくなったと感じるときがあります。それまでは泣いたり騒いだりして、自分の要求を通していた子が、あるときから変わります。大人の説得を、素直に聞き入れる姿を見せるようになります。「成長したな」と、大人が感じる瞬間でもあります。

あるときまで、子どもは自分の気持ちや要求に振り回されてしまいます。ところが、子どもの内面で何らかの変化が起き、自分の要求を抑制できるようになりだします。この内面の変化は、「あきらめる」ことや、

違う視点で物事を見る力の発達が影響しているのではないかと思います。

感情のコントロールは、一生の課題

もともと人間は、自分の感情をコントロールすることが、いつもうまくできるとは限りません。おかしいことがあれば、厳粛な場面でも笑いそうになります。悲しいことがあれば、泣いてはいけないと思っても涙で目がうるみます。逆に、極度の緊張が場違いな笑いを引き起こすことがあります。笑いすぎて、悲しくなることもあります。喜怒哀楽の感情は生きている証拠ですが、なかなかうまくコントロールできません。

子どもの悲しみには、共感を持って対応する

大切なものがこわれたときに、人の気持ちは大きく揺れます。怒りや悲しみで、心のなかがいっぱいになったりします。このような持って行き場のない、おさまらない気持ちを、人はことばでコントロールするようになったのでしょう。「残念」

残念・仕方がない

「仕方がない」ということばは、内面に湧き起こる怒りや悲しみの抑え役を果たすといえます。

子どもが大切にしていたものをこわしたときには、注意や叱責《しっせき》はひとまずおき、悲しみに共感したいものです。そして「残念」「仕方がない」と話しながら、子どもが自分で気持ちを静められるようにうながします。誰かから注意されたり、怒られるからではなく、自分自身の感情をコントロールする力を、子どもの内面に育てていきたいからです。

「あきらめること」で未来が見える

「人の一生は、喪失のときでもある」といいます。生きていくなかで、たくさんの大切な人や物と別れ、失っていくのは子どもも同じです。子どもは、「残念・仕方がない」ということばを通してあきらめを知り、またあきらめなければならないことがあることを理解していくのでしょう。

気持ちを切り替えながら、子どもはあわせて喪失を埋める未来へのイメージ、希望を持つのではないかとも思います。「残念」「仕方がない」ということばは、慰めばかりではなく、かなわぬ思いや喪失の悲しみを乗り越えていく、そのような気持ちを与えてくれるようにも思います。

その証拠に、「こんどね」「またね」「次にね」という未来への期待をうながすことばが、子どもの気持ちを落ち着かせる、似たような働きをするからです。

未来への期待で、子どものなかではつらいことに耐える力もつくのでしょう。子どもを、ひと回りも、ふた回りも大きくしてくれることばだといえます。

残念・仕方がない

こういうことばを学んでいない子は、自分の気持ちにいつまでも振り回されます。何歳になってもダダをこねる、怒ってばかりいる、一度いい出したらそれを変えられないといった姿を見せます。あきらめられないことが、子どもの気持ちを硬直化させ、頑固にも見せてしまうのでしょう。

同じような役割を持つことば

あきらめをうながすことばとしては、次のようなことばがあげられます。

- 「しょうがない」
- 「もとには戻らない」

気持ちを切り替えることばには、以下のようなものがあります。

- 「こんどね」
- 「またね」
- 「次にしよう」

なお、物事を柔軟に受けとめられるようにすることばも、合わせて紹介します。特に、「絶対」「全然」をよく使う、頭の固い子には教えたい物の見方です。これらのことばが、物事を柔軟に受けとめる力をつけてくれます。

- 「～かもしれない」
- 「たぶん」「おそらく」

こんなときどうする？

Q. 気になると、なかなかあきらめられません。

A. 子どもたちへの指導の一環として、30年余、山登りに取り組んできました。子どもの年齢や体力などによって違いますが、1日に3～6時間、山のなかを歩きます。もともと山登りが好きな子や、体力的に余裕があり平気な子もいます。ただ、多くの子はそうではなく、最初は文句をいい、またグチをこぼし、なかには泣き出す子もいます。

こういう子たちも、結局は静かになります。不平不満をどんなにいおうと、誰も助けてはくれません。帰るためには、自分で歩く以外に手立てがありません。山登りは、子どもにあきらめることも教えてくれます。子どもの成長を感じるからでしょう、休みごとに山登りに取り組む親子もいます。

山登りのほか、長距離マラソン、遠距離の徒歩行、遠泳などに取り組む私立の伝統校があります。「鍛錬」行事には、自分を乗り越えていく体験の意味があります。この乗り越えの際に、多くの生徒には「いやだけれども仕方がない」というあきらめがあります。あきらめることによって、子どもはそこにとどまらないで先に進んでいけます。

シーンⅢ
外で

テーマ
歩く

関わりことば⑪

いっしょに

人への関心を持たせ、社会性を育てることば

◎**教えたいこと**

「いっしょに」ということばが理解されていないと、誰かと何かをすることがスムーズにいきません。これがわかっていなくて「わがまま」と思われている子がいます。「いっしょに」という関わりことばで、人とあそんだり、運動したり、学習する力をはぐくみます。

◎**教える際の注意点**

- 大人が、場面に応じてことばをかける
- どうすれば「いっしょ」なのかを教え、子どもができたらほめる
- 大人は、いっしょにやるのは楽しいけれども、子どもによっては難しいと認識する

真似し、共感する脳

お母さんが舌を出すと、赤ちゃんも真似して舌を出すことが知られています。また、サッカーやバレーボールの試合をテレビで観た後に、疲労感が残ることがあります。スポーツを熱心に見ていると、たとえばシュートの場面では、脚などの筋肉を動かす自分の脳の部位が反応しているそうです。実際に動いていなくても脳は働き、だから疲労感が残るのでしょう。このように、相手の身振りや表情などを見たりすると、それを作り出す自分の脳の部位が働きます。

この脳の働きは運動ばかりでなく、注射など「人が痛みを感じている場面」でも働くといいます。脳の共鳴現象ともいえる働きによって、相手の気持ちや心理を読み取っているともされます。コミュニケーションの土台ともいえる、脳の働きです。

このように、見ている相手の動きを自然に真似することを「模倣」といいます。

重要な人に対する意識

呼びかけても反応が返ってこないなど、人に対する意識が希薄なために真似をしない子がいます。こういう子こそ「いっしょに」を教えていく必要があります。「いっしょに食べる」「いっしょに寝る」「いっしょに着替える」などを通して、人に対する意識を高めていきます。

話はかわりますが、専門家の多くは幼児や学童期の自閉的な子が、30年前と比べて落ち着いてきたと感じています。このために、「昔の自閉症」と「今の自閉症」といったりします。同じ病気なのにおかしな表現ですが、その状態像が変化し、情緒的に安定した子が増えてきているのは確かです。

その理由の一つに、早期からこうした子どもたちと密な関わりを持つようになったことが考えられています。以前に比べて、早い時期から大人や子どもと「いっしょに」活動する体験が増えてきました。そのことが、人に対する意識や、いっしょに行動する力とともに、情緒面にも良い影響を与えていると思われます。

いっしょに

いっしょに歩き、人を意識する

「いっしょに」を教える際に、もっとも効果的なのは「歩くこと」のようです。いっしょに横に並んで歩く、大人の先にも横にも出ないようにし、同じスピードで歩くよう教えます。場所はあまり広々とした所よりも、廊下などある程度狭く距離が短い場所で始めるとよいでしょう。

それができてきたら、外出やハイキング、山登りもよい練習の機会となります。

「いっしょに歩く」のは、なかなか難しいのですが、これができるようになると「いっしょに座る」ことも可能になってき

ます。歩くことで人に対する意識が高まり、それがほかの動きを真似ることにもつながっていくように思います。逆にいえば、「ほかの人といっしょに」ができない子は、いっしょに歩くことができません。

いっしょに活動する

「いっしょに」ができるようになる頃、ことばの真似も盛んになります。知らないことばを真似するいわゆる「ことばの爆発期」です。同じ音やことばをいっしょにいうなど、ことばへの感受性を高めるようにします。

歌える子とは、いっしょに歌うなどを通

して、相手の声の調子やテンポに合わせられるようにします。お絵かきや折り紙、料理など、さまざまな活動を通して、いっしょにできる内容の範囲を広げていきます。

「いっしょに」は消えていくことば

発達障害のある子では、「いっしょに」ということばがなかなか聞かれません。だからこそ、関わる大人が意図的に使う必要があります。

なお「いっしょに」ですが、子どもは一時期頻繁に使うものの、あるときから使わなくなります。それは、「いっしょに」が当たり前のこととなり、あえていう必要がなくなるからでしょう。

同じような役割を持つことば

以下のようなことばがあります。

- 「真似して」
- 「同じに動かして」
- 「ピタッとやって」

こんなときどうする？

Q. ほかの子や人といっしょに動けません。

A. 興味や関心が薄いほかに、誰かと「いっしょにやる」のが難しい子がいます。その理由として以下が考えられます。

①からだの動かし方がわからない

ボディイメージが未熟な子です。運動を通して、動かし方を理解させます（参考図書：倉持親優著『うごきづくりのすすめ』かもがわ出版）。

②「はじめ」や「終わり」がわからない

歌うときに出だしが合わないと、歌い出せなかったりします。同じように、スタートがうまく切れない子がいて、スタート時に介助が必要です。次の動きが始まっているのに、真似できない子もいます。区切りや終わりがわかりにくい子です。動きと動きの間に静止動作を入れるなど、動作の違いをはっきりさせます。

③何を、どう真似すべきかわからない

縄跳びでは、手は前後、足は上下と動きがばらばらです。首は動かしません。3つの部位に注目し、動きを真似します。何を、どう真似ればよいのかがわからない子には、動きの介助やことばで伝えます。

シーンⅢ
外で

テーマ

買い物

関わりことば⑫

すき

〈自分という存在〉に気づかせることば

◎教えたいこと

自分にすきなことがあるから、ほかの人と共感できたり、違いを感じることができます。すきという気持ちは、物事に取り組む際の意欲とも密接な関係があります。何よりも、生きることに喜びを与えてくれます。

◎教える際の注意点

- 子どもがすきかなと感じるときに「すきだよね」と話し、その気持ちに気づかせる
- どうしてすきなのか、理由を聞いてみる
- 「嫌い」は、「苦手」といったことばに置き換えさせる

子どもに「すき？」と聞く大人

「～はすき？」と、大人は子どもによく聞きます。ちゃんと返事ができない、1、2歳の子にも質問します。質問された子どもは、はじめの頃はとまどったような表情を浮かべます。きっと意味がわからないのでしょう。ところがそのうちに、「すき？」と聞かれたときに、「ウン！」と大きくうなずく姿を見せるようになります。ただ、うなずくからといって本当にすきかどうかはわかりません。「すき？」にうなずいたおもちゃや食べ物を、あっさりと手放したりするからです。

子どもが「すき」ということばを自分から使いだすのは、一般的にはおおむね3歳前後からです。すきな子の名前をいうこともあります。名前はいえなくても、いつも同じ子といっしょにいたがる姿などから、「すきなんだろう」と感じます。

大人は早い時期から、子どもが「すきかどうか」を確認しようとします。そこには、子どもの意思を尊重したいという気持ちがあるのでしょう。それとともに、子どもが「すき」という気持ちを持てるよう、心を耕しているのかもしれません。

顔やからだつきだけではなく、すきな対象が違うことでも、自分とほかの人は区別できます。「すき」という気持ちを生みだしながら、自分自身を確立しているとも思います。

ことばの爆発期とエコラリア

自閉症の子が、ほかの人のことばを真似ていうのをエコラリア（反響言語）といいます。子どもの言語発達では「爆発期」という時期があり、語彙《ごい》の数が急速に増えます。一般的には2歳前後からですが、この時期には知らないことばを盛んに真似します。真似ながら、新しいことばを次々に学びます。

真似るのはことばだけではありません。すきな歌も真似し、歌詞を覚えます。大人が好むような難しい歌詞でも、すきになれば記憶し正確に歌えたりします。

ことばの始まりは、鳥のさえずりや鳴き声だという説があります。子どもがすきな歌を真似る能力は、うぐいすや九官鳥が、鳴き声や人のことばをまわりから学ぶのに似ているのかもしれません。エコラリアは症状というよりも、その時期が長引くために目立つだけで、実際にはことばを吸収する「爆発期」だとも思います。

意欲を生む「すき」という気持ち

ことばの力が十分ではない子でも、すきという気持ちが生まれます。たとえば、特定の子の横に座りたがったり、ある子の指示には素直に従うことなどから、その気持ちを察することができます。すきという気持ちは「いっしょにいたい、活動したい」という思いにつながるのでしょう。「いっしょに」という気持ちが、相手の興味に合わせ、まわりのさまざまなことに目を向けさせます。そのことがすきと思

えることを発見させ、その思いを強めさせることにもなるのでしょう。すきの気持ちが、人や物などと関わりたいという意欲や言動を生みだし、強めるといえます。

「すき」の許される限度

たしかに「すき」という気持ちは、意欲や生きる喜びにつながります。何よりも、何かがすきということは子どもなりの個性の現れといえます。しかしすきだからといって、たとえば食事もそっちのけで没頭させるのは問題です。子ども自身が我慢して、家庭や園、学校のスケジュールに合わせられなければ、将来の社会参加が危うく

なります。すきではあっても、無制限ではないことを教える必要があります。

気をつけたい「嫌い」ということば

「嫌い」と、相手や物に対してよくいう子がいます。たくさんの人や物を嫌いと思い込んでしまえば、子どもの世界は狭いものになります。

大人は子どものいう「嫌い」ということばに、いつも警戒すべきです。実際には、「すき」の反対は「無関心」のようです。「嫌い」ということばではなく、「苦手」ということばに置き換えさせ、子ども自身で克服できることだと思えるように教えます。

同じような役割を持つことば

以下のようなことばがあります。

- 「いい」
- 「OK」
- 「ばっちり」
- 「気に入っている」

こんなときどうする？

Q. すきなのか、こだわりなのかで、判断に迷います。

！

A. 物、場所、やり方、順序などへのこだわりを示す子がいます。記憶できることがはっきりとしだす、一般的には理解年齢が1歳半ばくらいから強まったりします。この段階は、「同一性の保持」といわれるような、自分が過去に体験した内容を再現しようとします。自閉症の子によく見られますが、再現しようという姿は必死です。その姿から「すき」と思ったりしますが、それは違うように思います。

自分の「つもり」を押し通そうするのは、定型発達の2歳児にも普通に見られます。「つもり」の根拠は、自分の体験だったりします。それはすきというよりも、自分の「つもり」をまわりに認めさせるのが目的に思えます。「つもり＝こだわり」の段階にとどめてしまうと、子どもは相手の意見を聞くことや、自分の「つもり」を修正する力が身につきません。また、ことばを理解する力も伸びていかない可能性があります。

こだわりの場合には、子どもの思うままにはさせないことが大切です。すきなときには、子どもはまわりに共感や承認を求める行動を見せます。こだわりの持つ頑《かたく》なさがありません。

シーンⅢ
外で

テーマ
電車の中で

関わりことば⑬
そっと

行動をコントロールする力を高めることば

◎教えたいこと

混んだ電車のなかで、人にぶつからないように動くには、「そっと」ていねいに動けなくては難しいでしょう。物を扱うときにも「そっと」という意識は大切です。人や物とていねいに関わるときに必要なのが、「そっと」という意識と動きです。

◎教える際の注意点

- ドアをバタンと閉めない、物を放り投げないなど、日常的に教える
- 実際に、「そっと」の手本を見せる
- 「そっと」という動きを学ぶには、繰り返しの練習が必要な場合もある

「そっと」扱えない子

人や物に対して、「そっと」扱えない子がいます。その理由として、ていねいな動きができないという、運動に問題を持つ子がいます。こういう子をよく見ていると、気持ちのうえでは「そっと」扱いたいけれども、うまくできない葛藤のようなものを感じたりします。こういう子は、「そっと」の意味は理解しているといえます。

物を乱暴に置いたときに、まわりをキョロキョロ見回す子がいます。乱暴だったことを指摘すると、申し訳なさそうにする子もいます。「そっと」の意味、大切さは理解しているけれども、たまたまちょっと失敗してしまいましたという感じです。こういう子たちには、「そっとだよね」とたしなめる程度で十分でしょう。

音を立てるほど乱暴に物を置いても、まわりの人の目を意識しない子がいます。注意されても平気な子、こういう子には「そっと」を重点的に教えるべきです。

禁止ではなく、のぞましい行動をいう

子どもへの指示は、「立ってはだめ」「走らない」「うるさい、静かに」といういい方はよくないとされます。禁止や命令ではなしに、たとえば「立ってはダメ→座る」「走らない→歩く」「静かに→口を閉じよう」といった表現がすすめられています。つまりは、のぞましい行動を示す、あるいは提案するほうがよいということです。「そっと」もまた、のぞましい動きとして教えるべき行動です。

のぞましい行動の底にある判断基準

現在、「子ども兵」の存在が世界の問題と

なっています。誘拐され、あるいは買われた子が戦争に使われます。この子ども兵たちは、大人のような葛藤を持たず、命令に素直に従う点で重宝されるそうです（子ども兵はその後の人生で、心に深い傷を持ち生きていくそうです。この点でも非難されるべき行為です）。

子ども兵の存在は、人殺しはいけない、ヒトの物を盗《と》ってはいけない、ということが、子どもにとって自明のことではないことを教えてくれます。

発達の目的は、「自分で考えて判断し行動できるようになること」とされます。この目的のなかで重要な部分は、判断することであり、判断のもとになる基準の獲得ではないかと思います。「ＡとＢ、どちらがよいか」という判断を迫られたときに、一方を選ぶための判断基準。これが育たなければ、自分の人生を生きたことにならないのかもしれません。

ただ、いうまでもなく子どもは発達途上にあり、大人と同じ理解はできません。自明のこととわかるまで、教えていく必要があります。

判断基準を伝える大切さ

関わりことばは、社会性の発達と密接な関係があります。その理由は、関わりことばには人や物と関わりを持つ際に必要な判断基準が、色濃く込められているからです。

関わりことばは契約書のようにこまごまとした内容ではなく、コンパクトでインパクトの強いことばです。子どもでも受けとめられ、何となくでも理解できる内容といえます。あるいは乳幼児期の子どもには、あらかじめ関わりことばを受けとめ理解できるような仕組みがあるのかもしれません。その仕組みがあるから、子どもは社会性を

そっと

花開かせることができます。なお、「そっと」は、一般的には1歳前後から理解されだす、基本的な関わりことばの一つです。

集中して教えたほうがいいこと

「そっと」の大切さがわかっていない子には、繰り返し、集中して教えたほうがいいでしょう。そのほうが早く、関わりことばの意味を学べ、意識した行動ができるようになります。

そのうちにわかるだろうと思っていると、「乱暴な扱い」が当たり前になり、それが自分なりの判断基準になるかもしれません。

自分なりの判断基準が確立すれば、注意し

ても怒っても、反発しか返ってこなくなる可能性があります。
「そっと」という意識を学ばないと、大人になってからは、理解力はあっても物づくりなどの仕事につけない可能性があります。だからこそ、子ども時代にしっかりと学ばせたいと思います。

同じような役割を持つことば

以下のようなことばがあります。

- 「やさしく」
- 「ふわっと」
- 「静かに」
- 「ゆっくりと」

こんなときどうする？

Q. 「そっと」ですが、からだをそう動かせないようです。

！

A. 一つのおもちゃで、繰り返しあそぶ子ども。砂あそび、水あそびに熱中しだすと、同じような動作を繰り返します。赤ちゃんの発達のなかで、自分の手や指を不思議そうに眺める時期があります。生後4カ月前後から見られだします。この姿を見ていると、赤ちゃんが自分のからだに気づき、そしてその動かし方を学習し始めているように思えます。

あそびのなかで、同じような動きを繰り返す子ども。しかし、その動きは毎回同じではなく、微妙に変化させています。シャドウボクシングをするボクサーは、あるいは素振りする剣士は、漫然と回数を重ねて動いてはいません。拳《こぶし》を打ち出し、竹刀《しない》を振り下ろしながら、1回1回の自分の動きについて分析しています。その分析の積み重ねが、技の上達につながります。子どもは無意識かもしれませんが、繰り返すなかで、自分のからだの動かし方を学んでいるのでしょう。

「そっと」というからだの動かし方も運動ですから、動きを繰り返すなかで獲得していきます。運動には、相応の練習が必要な場合があると思います。

シーンⅢ
外で

テーマ

病院で

関わりことば⑭

だめ

自分で判断できるようにすることば

◎**教えたいこと**

子どもを危険から守るためには、大人の「だめ」を理解し、動きを止められるようにする必要があります。また、「だめ」がわからないままでいると、自分勝手な行動が激しくなります。「だめ」は、子どもに抑制力をつける重要な関わりことばです。

◎**教える際の注意点**

- 子どもの動きを止めたいときには、はっきりと強く「だめ」という
- ことばだけでできない場合は、からだで止める
- 人から喜ばれたいという気持ちをはぐくむ

物ごとを計《はか》ることば

たとえば、「これは大きいと思いますか?」に「いや小さいと思います」という会話があります。「これはすきですか?」「いや、嫌いなほうです」という会話もあります。感覚をはじめとし、人によって感じ方はそれぞれです。相手の感じ方を知り、また自分のそれを表現するときに、よく使われるのが反対ことばです。

温度計や身長計があれば、「今日は10度ですから、少し暖かいですね」とか、「身長は1メートル30センチを越えました。背が高くなりました」のように表現できます。客観的な数値をもとに、互いにある程度了解できる会話が可能です。ところが、計りがない対象については、確かな基準がなく、ときには相手の感じ方を主観的と思ったりもします。

まわりから学ぶ感じ方

土地によって食味の感じ方は違います。基本調味料である醤油や味噌でも、「お

いしさ」に土地柄があります。関東の人は、九州の醤油や味噌を「甘い」と感じるようです。逆に九州の人は、関東のそれらを「からい」と評したりします。

こういった感じ方の違いは、子ども時代に学習していくのでしょう。「甘い」ではなく、「おいしい」と教えられるとそれがおいしくなります。逆に塩分が多いと、おいしくないと思ってしまいます。

二分法で物事をとらえる人間

生きていくときに、いつも確かな計りがあるわけではありません。会話では、物事をどう感じているか、互いに「計り合わせをする」内容があります。計り合わせをしながら、次にどうするかなどを計画し、行動していくことが少なくありません。

たとえば「お腹すいた?」「寒くない?」といった問い合わせをしたあとですが、相手の答えによって、次の行動が決まります。逆にいえば、自分なりの計りがないと、自信を持った判断ができず、相手に伝わらないことが多くなるでしょう。

このような計りのことばが、「大小」「長短」「高低」「美醜」「老若」「明暗」「軽重」など、一対《つい》で成立する反対ことばです。「大きい」が存在するから「小さい」が生まれます。そして一対のことばは、「とても大きい」「ちょっと小さい」などと表現されることによって、目盛りが細分化されます。

「だめ」の理解と「人から喜ばれること」の関係

「だめ」と「人から喜ばれること」の2つは、直接には関係がないように思われるかもしれません。ここで先ほどの、反対ことばが浮かんできます。繰り返しになりますが、「大きい—小さい」「多い—少ない」など、人間は一対の概念(対《つい》概念)

で物事を計り、判断するという特徴があります。

9、10カ月の赤ちゃんは、ダメといわれると動きを止めます。同じ頃に芸ができるようになります。ダメということばは、赤ちゃんの行動にストップをかけます。大人がほめて喜ぶと、赤ちゃんはその行動をやろうとします。ほめられることが、行動を促進し、また定着させもします。

子どものなかには、大人から「だめ」といわれても行動を止められない子がいます。あるときに、同じ子が大人からほめられても喜ばないことに気づきました。その後、同じような経験をした結果、「大人からダ

だめ

メといわれても動きが止められない子どもは、ほめられても喜ばない」ことがわかってきました。

これは「だめ」、つまりは「人から叱られること」と「人から喜ばれること」が対になっているからではないかと思うようになりました。「だめ」への理解が弱いと、対の関係の「喜ばれたい」という気持ちも比例して、十分には育っていかないのでしょう。

「だめ」は人生の早い時期でわかります。これは早い時期から、子どもにとって「だめ」が、危険回避も含めて重要な意味を持つからでしょう。

同じような役割を持つことば

動きを止め、危険を回避させる意味として、以下のようなことばが使われます。

- 「やめなさい」
- 「いけない」
- 「～しない」

逆に、望ましい行動を伝えることばがあります。

- 「～する」
- 「～しなさい」

こんなときどうする？

Q.「だめ」とばかり言っています。

A. 赤ちゃんが「だめ」がわかりだすのが、9、10カ月です。赤ちゃんは、「だめ」といわれると、それまでの動きを止められるようになります。同じ時期に、赤ちゃんは手をたたき合わせるなど、大人の求めに応じて「芸をする」ようになります。つまりは「人から喜ばれること」がわかりだします。

「喜ばれる体験」なしで、「だめ」ばかりいわれる子や、「だめ」と注意される回数が多すぎる子は問題を持つかもしれません。いつも「だめ」といわれている子は、過剰に大人に反応して、びくびくした子になってしまうおそれもあります。

子どもにさせたい「人から喜ばれる体験」に、大げさな仕組みは必要ありません。まずは「ゴミを捨てて」「本を片付けて」「ドアを閉めて」などからはじめ、徐々に複雑なお手伝いへと進みます。対概念は、早い時期から子どもにわかるよう仕組まれています。「ほめられたい」気持ちが高まれば、「ダメ」も必ず理解されます。

シーンⅣ
友だち・兄弟姉妹と

テーマ

あそぶ

関わりことば⑮

はんぶんこ

相手への思いやりをうながすことば

◎ **教えたいこと**

子どもに、相手をはっきりと意識させるのが「はんぶんこ」です。子どもは、「はんぶんこ」を最初の頃はいやがります。しかし、まわりの人からほめられたり、喜ばれるうちに、自然に分け合うことができるようになります。

◎ **教える際の注意点**

- 「はんぶんこ」を嫌がる子の場合は、指示してさせる
- 物だけでなく、席や場所でも「はんぶんこ」ができるようにする
- 「はんぶんこ」ができたらほめる

はんぶんこ

人にあげられる

「はんぶんこ」は、「いっしょに」（93頁）のあとに続いてできるようになります。おおむね2歳前後からです。「いっしょに」は、他者の存在や動きに気づかせてくれることばです。他者を意識できたあとに、「はんぶんこしよう」というように、食べ物などを分けるときに使われだします。

「はんぶんこで　すわろ」といいながら、自分の席や場所を分け合うこともできてきます。「はんぶんこで　あそぼ」といって、おもちゃを交互に使う姿も見られだします。

「はんぶんこ」は取られること？

あるお母さんから、自閉的なわが子は「はんぶんこ＝自分の物を取られること」と思っている、という話がありました。だから子どもは、「はんぶんこ」というと嫌がるそうです。子どもの内面の葛藤がうかがえるようなお話でした。

子どもは、本心ではあげたくないのでしょう。けれども群れを作り暮らす人間にとって、「あげる―もらう」関係は避けられません。「あげる―もらう」がなければ、人間は互いに助け合うことができず、当然ですが社会は成立しません。助け合いのスタートラインに立つことが、「はんぶんこ」の理解であり、表現なのでしょう。

ただ、子どもにすれば自分の物をあげるのは、「半分いや」「半分ＯＫ」の状態なのだと思われます。そういう心理が、「あげる」ことが誇らしくなるまで続くのでしょう。実際に「はんぶんこ」の次に、「あげる―もらう」ということばが出てきます。

はんぶんこ

「はんぶんこ」は慈悲の心の出発点

大人でも、たとえば相続のときなどに「はんぶんこ」が頭ではわかっていても、心中に葛藤を抱えたりします。人間の煩悩《ぼんのう》といえます。子どもの葛藤は当然のことと理解し、「はんぶんこ、できた、えらいね」といって、子どもの決断を後押しする役目が、大人にはあります。この2歳前後に起こる「はんぶんこ」の理解こそ、あるいは慈悲の心の出発点、仏性の生起なのかもしれません。

二語文と社会性

たとえば、以下のような二語文を子どもは使います。

○電車　きたね　○おせんべい　たべた　○りんご　おいしいね

○これ　なに？　○これで　いい？

これらは叙述、報告、共感、質問、確認という文です。これらには「他者の存在」が明確です。つまりは、相手への意識があってはじめて生まれる文が二語文といえます。

「はんぶんこ」と社会性

「はんぶんこ」ができるためには、社会性の成長が必要です。二語文の発生と「はんぶんこ」は、ほぼ同じ時期にできだします。

「おせんべい　はんぶんこ」

「おふろ　はんぶんこ（ではいろう）」

はんぶんこ

「おいす　はんぶんこ（ですわろう）」

こういった話しかけを、できる子には復唱させ、それによって人に対する意識を強めるとともに、社会性の成長にもつながると思われます。

二語文の指導では、「〇〇ちょうだい」といわせることが多いようです。ただ実際には、「ちょうだい文」を自発的に話す2歳台の子と会ったことがありません。大人からいわれて、そういいます。

自然に出てくるのは、繰り返しになりますが、叙述、報告、共感、質問、確認といった内容の二語文です。

単語レベルだった子が、「プール　行っ

た」「ここ　いい？」と話すようになったときの喜びには、とても熱いものがあります。子どものなかに、人に対する意識が明確に育ったことがわかるからです。さらには、「いっしょに」できることが、もっともっと増えると予想できるからです。一番の喜びは、二人での対話が始まったことを確信できるからです。

同じような役割を持つことば

以下のようなことばがあります。

- 「分ける」
- 「いっしょに（食べるなど）」
- 「おなじ（大きさなど）」

こんなとき どうする？

Q. ほかの子にすきなおもちゃを貸せません。

！

A. その男の子が4歳のときでした。自閉的な彼が手に持っているミニカーを見ながら、私は「ちょうだい」といいました。そのときは、いわれたままに平気で渡してくれました。

半年後に会い、その子に同じことをしました。「ちょうだい」というと、このときもミニカーをくれました。ところがそのあとに、大泣きとなりました。「ちょうだい」といわれて手を差し出されると、反射的に渡したものの、内心ではあげたくなかったのでしょう。

それから数カ月後にも同じことをしました。彼は渡さずにミニカーを背中の後ろに隠そうとしました。当然ですが大泣きはありませんでした。

自閉的な子では、内心とは裏腹の行動をとりパニックになったりします。実際には、内心とは違う行動をとり騒ぐ姿は、通常の発達でも見られます。ただ、あっという間に渡さなくなるので笑い話で終わってしまいます。

貸せるようになるには、自分の気持ちの抑制が必要です。彼もそうでしたが、繰り返し教えるなかでできるようになります。

シーンⅣ
友だち・兄弟姉妹と

テーマ
けんか

関わりことば⑯
大事・大切
人や物と深く関わることを学ぶことば

◎**教えたいこと**

人や物を大事・大切と思うことは、何よりも人生を豊かにすることにつながります。それは、人や物と表面的ではなく、じっくりと深く関わることになるからです。だからこそ、子どもに「大事・大切」という関わりことばを教える必要があります。

◎**教える際の注意点**

- 物を粗雑に扱ったときには、「大事・大切」とたしなめる
- ほかの子も含め、人は「大事・大切」と教える
- 子どもを大事・大切にし、その体験から大事・大切への理解をうながす

注意されても平気な子

3歳半ばになる、ある女の子のお母さんから相談を受けました。「娘は私が注意しても平気な顔をしています。将来、大丈夫でしょうか?」との内容です。

理解年齢が1歳台前半のダウン症の子が、テーブルの上の皿などを払い落とすことがあります。この姿は定型発達の子にも見られます。「スプーンで食べなさい」といわれると、スプーンを投げる姿を見せる1歳の子がいます。大人のいうとおりにしていると、自分で考えて判断したことになりません。ですから1歳前後から、大人の意図に反することをします。

相談されたお母さんには、このような話をした後に、「大人は子どもに、即反応、即実行を求めます。ところが子どもは即反応、即実行できないようになっているようです。子どもは大人から注意されたあと、その場では変わらなくとも、1時間後とか、2、3日後、あるいは1週間後に行動が変化したりします。子どもは、車を運転するときのようにピッピッとは反応できず、船のようにゆっくりと進路を変え

ていきます。平気な顔は、愛されて育っている証拠です」と話しました。

問題なのは、人から注意されたときに、すぐに怒る、騒ぐといった情緒的な反応をする子です。そういう子には「心のあそび」、つまりは余裕がありません。大人は、子どもへの関わり方を再考し、そして関係を修正する必要があります。

お母さんから叱られたときの気持ち

「お母さんから叱られたときにどんな気持ちになる？」と、子どもに質問します。問題のある子は、「怒る、イライラする、キレる」などと答えます。

この質問には、一般的には4歳前後から、「悲しくなる」と答えだします。「イヤな気持ち」という子もいます。「どうして悲しくなるの？」と聞くと、「お母さんから嫌われたから」と答えたりします。悲しい気持ちは、お母さんとの良好な関係が悪化したことから起こるようです。

子どもが大人のいうことをきく理由の一つに、あるいは最重要かもしれませんが、「良好な関係を維持したい」ことがあげられます。この質問に「怒る」などと答える子には、「悲しくなるでしょう」と話し、考えを修正する必要があります。

「嫌われたくない」という気持ちと、大事・大切にされたい想い

では、この嫌われたくないという気持ちはどうして生まれるのでしょうか。子どもと話していくと、「嫌われる＝大事・大切にしてもらえない」という恐れを持っていることがわかります。整理すると、

①親に大事・大切にされたい
②親は注意しながら、自分を嫌いになるかもしれない
③嫌われると、大事・大切にしてもらえなくなる
④大事・大切にされないと悲しくなる
⑤だから、悲しくならないように親のいうことをきく

となるようです。

大人は自然に、子どもに「大事・大切」と語りかけている

スプーンを投げる子どもの姿を紹介しました。このときに黙って見ている大人は

大事・大切

あまりいないでしょう。きっと「投げちゃダメ」と注意します。そのあとに「スプーンは大切」と話すのではないでしょうか。子どもは「大切」ということばを聞きながら、物をていねいに扱うことを学びます。

1歳の子どもは、大人が「大事・大切」と話してもそのことばを真似てはいいません。そのことばを自分で使いだすのは、3歳台になってからです。「お母さんは大切」「これは大事だから、上に置いといて」などといいます。

「大事・大切」を本当に理解するまでには、1歳、2歳と2年間ほどかかるともいえます。大人は「大事・大切」と語りかけながら、理解が進むよう子どもの心を耕し続けているともいえます。

ケガや病気になった人を心配する子

「大事・大切」を使い出してしばらくすると、子どもはケガや病気をした子などを気づかうようになります。親が病気して寝ていると、心配そうな表情を浮かべたりします。

気づかう子どもは、子ども自身が大人から大事・大切にされたからこそ、その意味を理解できます。

同じような役割を持つことば

「そっと」の項（109頁）と重なることばが大半といえます。

- 「一つしかない」
- 「こわさない」

こんなときどうする？

Q. 「大事・大切」といった抽象的なことばを、子どもは理解できるのでしょうか。

!

A. お母さんは、下の子を産むのが心配だったそうです。障害のある兄は9歳、よく動きます。このために、赤ちゃんを踏みつけたり押し倒したりしないかと不安でした。赤ちゃんが生まれてからは、赤ちゃんにさわらせ、お風呂もいっしょにしました。そのときに、「優しくね」といいながら、タッチの仕方を教えたそうです。

ことばは単語レベルで、発音も不明瞭な兄です。お母さんには、はじめは赤ちゃんとの付き合い方がわからないだろうとの思いもあったそうです。それでも、わかってもらえないといっしょに暮らせません。お母さんの熱意と、子どもなりの成長もあり、兄の走り回る姿は減り、赤ちゃんに「優しくさわる」ことができるようになりました。

ことばが出ていない子でも、繰り返し「大事・大切」「優しくね」「フワッとよ」といっていると、そのことを意識するようになります。物を乱暴に扱ったときに、大人が「あっ！」というと、はっとした表情になったりします。そして、そっと、ゆっくりとした動きに変わったりします。大事・大切という感覚がわかるようになります。

シーンⅣ
友だち・兄弟姉妹と

テーマ

お礼をいう

関わりことば⑰

あげる－もらう

相手との関わりを考えさせることば

◎**教えたいこと**

「はんぶんこ」（125頁）に続いてわかってくるのが、「あげる―もらう」です。同じ行為が、立場によって「あげる（側）―もらう（側）」と変化します。この変化を理解することにより、自分と他者の一体視から自他の分離を進め、あわせて他者視点の獲得につながるとされています。

◎**教える際の注意点**

- 何かを、人にあげられたときにはほめる
- 何かをもらったときには、いっしょに喜ぶ
- 子どもにはあげられない物があることも理解する

「もらうこと」の喜び

「はんぶんこ」がわかったあとに、子どもは「あげる―もらう」ということばを使うようになります。この頃から、人から何かをもらったときにはとてもうれしそうにします。宅配便屋さんが来ると、急いで玄関に行く子の話を聞きます。贈り物が届いたことが、心からうれしいからでしょう。

逆に何ももらえない子はさびしい思いを抱き続けるでしょう。物ばかりでなく、世話も含め「何も（して）もらえないこと」は、人から人として認められていないことと同じだからです。

「あげること」の誇らしさ

ある時期から、人に物をあげたり役立つことをしたときに、子どもは「～（して）あげた」と誇らしげに話すようになります。「はんぶんこしなさい」と命令される段階では、まだまだ未練が残ります。ところが「～あげた」「～あげる」と話

すときは、積極的で能動的な印象です。

「あげること」が自立の第一歩

この頃から子どもは、「おにいちゃん、おねえちゃん」と呼ばれ、ほめられることを喜びます。この「おにいちゃん、おねえちゃん」意識の育ちと、「～あげる」ことを誇らしく思う気持ちには深い関係があるように思います。

人の子どもは、ほとんど無力で生まれてきます。人の助けなしには生きていけない、全面依存の状態です。この依存状態から早く抜け出て、自力で生きられるようになろうと、子どもは必死なのかもしれません。

物をあげる行為は、子どもに全面依存から抜け出たことを実感させるのでしょう。だから子どもは誇らしげな声で話し、得意げな表情を浮かべます。「あげる―もらう」の理解は、子どもにまわりの人から認められていることとともに、自立を実感させてくれるといえます。

「能動―受動」の理解と視点の変換

自分は「あげた」なのに、相手は「もらった」となります。このことを理解するには、自分の見方を相手の視点に変換する必要があります。相手がどう感じ、何を考えているかを想像する能力は、社会で暮らす際には欠かせません。この能力を、子どもは自他の分離とともに獲得しはじめます。

「能動―受動」がはっきりとしない子

発達に問題がある子の多くが、この視点の変換ができません。たとえば「能動―受動」がはっきりとしていない子が「いじめた」と話したとします。その場合には、

①（自分が誰かを）いじめた、②（誰かが自分を）いじめた、③（誰かが自分とは違う誰かを）いじめた（のを見た）、という3つの可能性があります。さらには、時間の概念がよくわかっていないと、最近のことなのか昔のことなのかがわからなかったりします。

能動―受動がわかっていないと、誰がやったかを説明できず、ときには叱られたり責任を取らされることがあります。大人になると、こういう事態が起こりやすくなります。「あげる―もらう」をしっかり理解させたい理由の一つは、この点にあります。

あげる−もらう

人に何かを「(して)あげる」ときの誇らしさ、人から「(して)もらった」ときの喜び。そういった気持ちを表す子ども。誇らしさ、うれしさが、きっと感情の分化にも関係するのでしょう。こういったプラスの気持ちがさまざまな感情の輪郭を明確にし、また深く掘り下げる推進役を果たすように思います。だからこそ、私は子どもと接するとき、自分なりの心構えの一つとして、「あげる―もらう」をはっきりと、そしてしばしば使うようにしています。

すきだからあげられない

自分が本当にすきだからあげられないこ

ともあります。この場合には、違う何かをあげるよう、子どもといっしょに話してみてはどうでしょうか。納得してからあげないと、誇らしげな気持ちもわきにくいでしょう。

同じような役割を持つことば

まったく同じ役割とはいえませんが、励ます、慰めるときに使われることばは、人に**「してあげる」ことば**です。こういう、人に「してあげる」ことばは、向社会的行為を示します。向社会的行為とは、人との関わりを生みだすような内容であり、優しさや思いやりを示す行為があげられます。

こんなときどうする？

Q. 手に持っているおもちゃでも、「ちょうだい」といわれるとすぐに渡します。

A. 子どもが手に持っている物を、「○○ちょうだい」といってみます。ためらいなく渡す子の場合、「自分の物」という意識が希薄なのかもしれません。こういう子の多くは、「おもちゃ」としてではなく、感覚刺激の対象としてあそぶようです。

まずは「自分の物」という意識を子どもに持たせる必要があります。園や学校などでよく見られますが、たとえばシールを貼って、自分の物という意識をはぐくみます。食事も大皿ではなく、自分の皿に盛ってやったほうがいいでしょう。「自分の分」への理解をうながすためです。日常的に「～ちゃんの」靴、帽子、椅子、タオルなど、子どもの所有物であることを強調して話します。また「～ちゃんの靴、持ってきて」というように声かけをし、理解の度合いを確かめます。

あげるという行為には、自分の物という意識が必要です。あげたくないという気持ちを乗り越えるからこそ誇らしさが生まれます。そのための土台作りを目指します。

シーンⅣ
友だち・
兄弟姉妹と

テーマ

謝る

関わりことば⑱

わざとじゃない

人の内面に気づかせることば

◎教えたいこと

子どもの理解が進むと、相手の表情と思いには違いがあることを理解しだします。たとえばほかの子から押されたときに、相手が「わざとやった」か「わざとじゃないか」を考え、結果によってどう対応するかを判断します。

◎教える際の注意点

●「わざとじゃない」を理解しない子は、何でもわざとだと取る可能性がある

●「わざとじゃない」ときには、相手に「ごめなさい」といって謝る

●「わざとじゃない」ときには、相手を許すべきことを教える

関わりことば⑱

わざとじゃない

被害的な子ども

Aくんは小学校2年生の男の子で、学校の成績はとても優秀です。Aくんの問題は、まわりの子とのいさかいが絶えないことでした。彼は、「みんな、ぼくを嫌っている」と話します。「わざと」と「わざとじゃない」の違いを聞くと、それはわかっていません。話すだけではぴんとこなかった彼ですが、家でふざけていて、弟が椅子から落ち鎖骨を折るケガをしました。親から強く怒られているときにAくんは、「わざとじゃない」と必死に訴えました。この事件が彼の変化につながり、まわりとのいさかいが激減しました。

1日に10数回もほかの子とケンカする子

小学校4年生のBくんは、廊下を歩くだけでほかの子とのケンカにつながるほどに、乱暴を繰り返していました。実際には運動神経がにぶく、立ち回りも下手でやられてばかりです。それでもまわりとのトラブルが絶えません。彼の気持ちを落ち

着かせるために、いくつもの薬が処方されていましたが、効果はありませんでした。Bくんもまた被害的な見方が強く、まわりがすべて敵とでも思っているような険悪な表情をしていました。

「漠然とした注意」が払えない

Bくんは、たとえば列を作るときに、前の子が後ろに下がってくることが予測できないようでした。人は、「漠然とした注意」といいながらも、まわりの動きに無意識に注意を払っています。しかしBくんはそれがないために、前の子が突然下がってぶつかってきたと受けとめてしまいます。Bく

わざとじゃない

んにすれば、いつも何かが突然起こるので、不安でもあったのでしょう。彼もまた、当初のAくんと同じように「わざとじゃない」ということがわかっていませんでした。

Bくんについては、彼の状態を説明し学校に協力をお願いしました。たとえば列作りの際に、「Bくん、前の人が後ろに下がるよ」など、先生から彼に対し具体的に声かけをしてもらいました。

また、「わざとじゃない」を教えるために、電車のなかでからだがぶつかった、それは「わざと」か、「わざとじゃない」か、などの寸劇を繰り返しました。Bくんの弱さを理解した学校での環境調整の効果もあり、急速にトラブルは減っていきました。

相手の内面に気づきだす子ども

子どもは3歳を過ぎた頃から、笑われると「笑わないでよ」と抗議する姿を見せだします。それまでは、笑われることは受容され、かわいがられることを意味していました。しかし、人の笑いのなかには「相手をバカにする」気持ちもあります。それに子どもは気づき、嫌がるようになるのでしょう。子どもの姿から、人の内面に気づきだしたことがわかります。

相手の気持ちを揺さぶることの危険

一般的には4歳台になると、「へんなおじさん」など、わざと大人が嫌がるようなことをいうようになります。この時期の子どもにとっては、怒りなど大人の内面にある気持ちを引き出すことが目的であり、楽しみでもあります。このために、大人が感情を表に出すと大喜びしたりします。

ただ、相手から強い怒りを引き出してしまうと、怒られたり、プレゼントをもらえないなどの罰を受けたりします。罰を受ける体験をすることで、人の気持ちを揺さぶることの危険を学びます。

相手に配慮しだす子ども

気持ちを揺さぶることはリスキーということがわかってくると、いじわることばはいわなくなってきます。そして、相手の気持ちに合わせて、共感をベースとした慰めや励ましができるようになります。子どもによっては、内面への理解がスムーズに進まないことがあります。「わざと」か「わざとじゃない」かもその一つで、子どもの様子から理解しているかどうかを確認する必要があります。

同じような役割を持つことば

- 「思っていなかった」
- 「知らなかった」

「わざとじゃない」といい張り、「ごめんなさい」といえばすむと思っている子がいます。そういうときには、「わざとやったと思われても仕方がない」ことを告げ、叱る必要があります。

ところで、わざとじゃなくても、物をこわしたときには「ごめんなさい」だけですまない場合もあります。一般的には6歳前後になると、謝罪だけではだめで、弁償や罰を受けるべきことがわかってきます。

こんなときどうする？

Q.「ごめんなさい」がいえません。

A. やったことを振り返れない、だから謝れない子がいます。こういう子には、思い出せるような働きかけが必要です。注意されるなどの緊張した場面になると、気持ちがこわばってしまい、考えがまとまらなくなることもあります。子どもの気持ちをほぐすような雰囲気にしたほうがよいでしょう。

子どもが、「ごめんなさい」を学んでいない場合もあります。その場その場で謝り方を教えましょう。実地で教えていくのが一番確実です。

自分のからだが、思わずほかの人のからだに触れたときには、「ごめんなさい」といいます。このときの「ごめんなさい」は、「悪意があってのことではありません」という意味です。悪意のなさをはっきりと示すことで、不要な争いに発展するのを防ぎます。子どもはある時期、自分の内面に気づきはじめながらも、そのときの気持ちをはっきりと把握できないのかもしれません。自分には悪意がなかったことがはっきりとしないので、立ち往生してしまうのでしょう。こういう子に対しては、「わざとじゃないよね。だったらごめんなさいっていうんだよ」と教えます。

シーンV
あそびの
場面で

テーマ
貸し借り

関わりことば⑲
貸して

所有について理解させることば

◎教えたいこと

物の貸し借りは、人間の社会では当たり前のことであり、そのことへの理解とルール（作法）は、子どもが獲得すべき大切な技能です。「貸して」といって相手の答えも聞かずにひったくる、逆に人に何も貸せない子には、ルールを教える必要があります。

◎教える際の注意点

- 貸し借りの場面を意図的に作り、「貸して」を教える
- 「貸して」のことばだけでなく、「いいよ―だめ」の答えで成立することを教える
- 貸してもらえないときに、騒がないようたしなめる

「貸して」と決定権

「〜の仕事」（45頁）で述べたように、決定権を誤解している子は、「貸して」といったその瞬間に、相手から欲しいものを取ったりします。貸すかどうかは相手が決めるということがわかっていません。だから「いいよ」の答えがなくても平気です。

「貸して」ということばは単なる合図のようなものです。いいさえすれば、使っていいという認識でしょう。こういう子には、強引に相手から取ってはいけないことを教える必要があります。相手の返事を聞き、それに従うことを伝えます。決定権を誤解していると、はじめは大騒ぎとなるでしょう。しかし、根気よく、断固として教えなくてはいけません。理解させないと、ほかの子との間で頻繁にトラブルが起きることにつながります。このことが、子どもたちから遠ざけられる理由にもなります。

「貸して」がことばでいえない

「貸して」とことばでいえない子の場合は、「ちょーだい」のサインを教えます。これを教えないと、貸し借りの際に相手とスムーズなやりとりができません。あそびの場面などで教えるようにします。

確認することを習慣づける

「貸して」といったあとに、相手の返事を待てない子は、決定権の誤解だけでなく、人に確認することも苦手です。

確認行動は、一般的には1歳前後から「社会的参照行動」という姿で始まります。

関わりことば⑲

貸して

この社会的参照行動とは、子どもが何かをやるときに「やっていいかどうか」をまわりの大人に確かめる行為のことです。確認することで、危険を回避できます。

話せない段階でも見られる参照行動は、おもちゃでの遊び方や物の扱い方でも現れます。この参照行動があることで、自分なりに試行錯誤を繰り返すという無駄を減らすことができます。短時間で適切な方法を学べるという点で、合理的な学習法といえます。

話せるようになると、「これでいい？」「使っていい？」「食べていい？」というような確認のことばを使うようになります。子どもが確認するようになれば、大人は判断だけをすればよくなります。子どもに手がかからなくなります。

6歳の双子の子たちでしたが、理解力に問題がありました。ただそれよりも大変なのは食事でした。園の給食でおかわりを繰り返し、肥満しています。おかわりを止めると大騒ぎになります。この双子の子たちは、お菓子を与えておくと静かというこことで、家では袋菓子をいくつも与えられていました。

子どもは、一般的には2歳台から、食べたり飲んだりしていいかを大人に確認し

ます。子どもが確認することで、大人は食への管理が可能となり、また子ども自身には自己コントロール力がつきます。双子の子たちは、大人に確認し、大人から承認されて食べるという習慣が身についていませんん。このことが園での姿につながりました。
確認の大切さは、食ばかりではありません。子どもでは判断が難しいと思われることは、大人に確認するようにさせましょう。そのことが、子どもの失敗を防ぐことにもなりますし、衝動性を抑えるという自己コントロール力にもつながります。
なお、人に確認ばかりしていたら、「ロボット」のようにならないかという心配が

関わりことば⑲

貸して

あるでしょう。ところが実際には、確認する内容は変化していき、いつものことは消えていき、本人が大切と思われることに絞られてきます。子どもは、大人に確認することで失敗しなくてすみます。成功体験が、自分で対応できるという自信と気構えを生むのでしょう。

「貸す—貸さない」という自己判断

人には、ほかの人には貸したくない、大切なものがあることでしょう。これは子どもも同じです。ほかの人には貸せない、貸したくない物があるとすれば、その気持ちは尊重すべきです。もちろん、ほかの人には何も貸したくないと考えているならば、それは変えたほうがいいでしょう。

同じような役割を持つことば

以下のようなことばがあります。

- **「入れて」**
- **「見せて」**
- **「あそびたい」**
- **「いい？」**

こんなときどうする？

Q. 貸し借りでのトラブルがよくあります。

A. 貸し借りは難しく、トラブルのもとになりがちです。これは小学生の話ですが、本人はゲームソフトを「貸した」つもりなのに、相手の子は「もらった」と思いました。どうも、相手から「ちょうだい」といわれたときに、「貸してちょうだい」だと本人は思ったようです。相手の子は、「いいよ」といわれて「くれた」と受け取りました。

本人はソフトを返してほしいのですが、相手は受けつけません。このために気持ちが不安定になりました。結局親同士が話し合い、ソフトを返してもらいました。この件は本人には勉強になり、それ以降貸し借りには用心するようになりました。

子どものなかには、ほかの子たちにお菓子やおもちゃをあげて饗応したがる子がいます。こういう子は、饗応することでほかの子たちから注目されたいとも思っているのでしょう。ただいつまでも自分のお金は続かず、家のお金を持ちだしたり、万引きをすることもあります。

子どもには、人に物をあげるときや貸し借りをするときには、大人の承認を得なければダメと教えたほうが無難だと思います。

シーンV
あそびの
場面で

テーマ

順番

関わりことば⑳

順番

仲間集団を意識させることば

◎**教えたいこと**

子どものあそびでは、順番がつきものです。順番はルールです。これがわからないと、子どもの集団に入れません。たとえば順番に並ぶのは、わかりやすい「見えるルール」です。子どもには、見えることで順番というルールがわかりやすくなります。

◎**教える際の注意点**

- 「順番」ということばで、順番を教える
- 守ることで、順番を意識させる
- 子どもの何気ない心配りを評価する

「順番に待つ」は、ある文化が持つ価値観

アメリカで、ＡＤＨＤの治療にあたっているセラピストが日本にやってきました。訪問を受けて話をしていたら、日本にはＡＤＨＤはいないのではないかといいます。その根拠として、ディズニーランドで子どもも大人も列を作って待っていることをあげたので、とても驚いたことがあります。

整列乗車は日本では当たり前ですが、アジアの国々では、われ先にとバスや電車に乗り込む姿が稀ではありません。大国とされるある国では、整列乗車は先進国としてのマナーであると、市民を教育しているそうです。

日本人としては、われ先にと横入りをすることはずるいと思います。日本人は、列に並び順番を待つことや整列乗車があまり苦にはなりません。これは小さいときから、そうすべきと教わってきたからでしょう。

だからこそですが、列に並び順番が待てるようにならないと、日本という文化圏では適応できにくくなってしまいます。

順番は見える、教えやすいルール

「順番」は目に見えないルールです。ただ、列を作って待つことは、子どもにとっては見ることができ、順番を学ぶのにはよい教材です。列を作ることを通して、順番を教えましょう。

順番はまた、必ず自分のやるときがくるという点で、公平性の確保という意味もあります。必ず参加できることを強調しながら、順番を守れるようにします。

順番を待ちながら高まる期待

トランプなどのあそびや、運動の時間な

どでもそうですが、順番を待ちながら「よく見る力」が育ちます。観察学習が進みます。あわせて、自分の順番になるまで、期待しながら待ち続けます。このときに高まる期待などは、子どもの意欲を育てるのに一役かっているのではないかとも思います。

「詰める」という子どもの心配り

たとえば跳び箱です。座って列を作り、自分の順番を待ちます。このときに、順番への意識が弱いと、前の子が列を詰めても子どもは動きません。大人からいわれないと詰められない段階です。順番を意識できるようになると、自分から列を詰められるようになります。子どもの「詰める」という心配りは評価したいし、気づけるように教えていく必要もあります。

成長するときにもある順番

座席に向かって、われ先にと走る子どもは醜いと感じます。お年寄りよりも先に

座る子どもも同じです。自己中心的で幼稚な印象を受けます。日本人としての美意識にそむくから、いやな思いを持つのでしょう。

　子どもは、本来お兄さん（お姉さん）になりたいと思っています。子どもが成長していくためには、世の中のいろいろな価値基準やマナーを学ぶ必要があります。実際にお兄さん（お姉さん）になれるよう、価値基準やマナーを教えるのは、多くの場合は大人の役目でもあります。

順番

同じような役割を持つことば

以下のようなことばがあげられます。

- 「並ぶ」
- 「自分の番まで待つ」

こんなときどうする？

Q. いつも待てません。

A. 子どもに何かを教える際に必要なのは、子どもの待てる力です。待てない子は、大人が手本を見せているときにも、すぐに教材などに手を出してきます。このために、正しい扱い方、やり方を学べません。その結果、失敗をすることが多くなり、やる気がなくなったりします。

人のやることをじっと見ながら学ぶことを、「観察学習」といいます。職人の世界では「見て盗め」といいます。ことばで説明できにくいことでも、見ることを通して学べます。人としてのふるまい方は、観察学習の成果ともされます。

待てない子は、観察学習に問題を持ちます。このために、社会性も含めていろいろな面で学習に支障をきたします。

待てるようにするには大人の根気も必要です。まずは「手はおひざ」を守らせます。なお「手はおひざ」は学習のレッスンワンですが、必ずできるようになります。

ちなみに、外出したときに子どもが待てるようになれば、とても楽になります。

著者紹介

湯汲英史（ゆくみ・えいし）

1953年、福岡県に生まれる。早稲田大学第一文学部心理学専修卒業。言語聴覚士、社会福祉士、精神保健福祉士。心身障害児通所訓練施設「さざんかの会」事務局長を経て、現在は㈳発達協会常務理事。早稲田大学教育・総合科学学術院前客員教授。

著書に、『感情をうまく伝えられない子への切りかえことば22』（すずき出版）、『なぜ伝わらないのか、どうしたら伝わるのか』（大揚社）、『発達につまずきがある子どもの子そだて――はじめての関わり方』『ことばの力を伸ばす考え方・教え方――話す前から一・二語文まで』（以上、明石書店）などがある。

［シリーズ　発達障害がある子の「生きる力」をはぐくむ 2］

子どもと変える 子どもが変わる

関わりことば

――場面別指導のポイント

2010年 5 月27日　初版第 1 刷発行
2014年 3 月27日　初版第 3 刷発行

著　者　湯　汲　英　史
発行者　石　井　昭　男
発行所　株式会社　明石書店

〒101-0021　東京都千代田区外神田 6-9-5
電　話　03（5818）1171
F A X　03（5818）1174
振　替　00100-7-24505
http://www.akashi.co.jp

装幀　松田行正＋山田知子
印刷　モリモト印刷株式会社
製本　協栄製本株式会社

（定価はカバーに表示してあります）　ISBN978-4-7503-3201-7